SIGNETS

BELLES LETTRES

Collection dirigée
par
Laure de Chantal

T0126527

DEVENIR DIEUX

*Désir de puissance et rêve d'éternité
chez les Anciens*

DANS LA MÊME COLLECTION

DEVENIR DIEUX

Désir de puissance et rêve d'éternité
chez les Anciens

Précédé

d'un entretien avec John Scheid

Textes réunis et présentés

par

Carlos Lévy

LES BELLES LETTRES

2010

© 2010, Société d'édition Les Belles Lettres
95, bd Raspail 75006 Paris

www.lesbelleslettres.com

ISBN : 978-2-251-03013-5
ISSN : 0003-181X

AVANT-PROPOS

QUE SONT LES DIEUX DEVENUS ?

À l'hôpital Kfar Shaul de Jérusalem, un service spécialisé accueille à longueur d'année tous ceux qui, au contact de la ville trois fois sainte, éprouvent ce que la médecine appelle le « syndrome de Jérusalem », autrement dit, du point de vue psychiatrique, une désorganisation de la personnalité qui conduit à affirmer que l'on est Moïse, le Messie, le Christ ou Dieu. Quelques jours de soins attentifs suffisent, paraît-il, pour que les personnes en question puissent regagner leur domicile, un peu gênées d'une aventure qu'elles préfèrent oublier aussi vite que possible. Il va de soi que quiconque prendrait leur défense et affirmerait qu'ils disent peut-être vrai se trouverait *ipso facto* soumis au même traitement. Au-delà de l'anecdote, il est remarquable que, dans le domaine politique, aucun des tyrans du xxᵉ siècle, qui, en raison des progrès de la technique, ont rabaissé les plus sanguinaires des empereurs romains au rang d'humbles artisans de l'horreur, n'a osé se proclamer dieu. Hitler, qui se référait souvent à Dieu et dont les rapports avec les différentes églises chrétiennes furent pour le moins complexes, professait sur le fond une sorte de panthéisme féroce, dont il prétendait avoir compris les lois et les appliquer, mais sans jamais se diviniser lui-même, alors que la résurgence dans le nazisme de la mythologie nordique, si chère à beaucoup de ses séides, et notamment à Himmler, eût pu constituer une passerelle vers une telle revendication. Dans le marxisme à l'athéisme érigé en dogme, les choses étaient évidemment plus faciles, en principe au moins, pour Staline, automatiquement à l'abri de la tentation. Certes, la transformation en temple laïque du mausolée de Lénine et l'omniscience incontestée du Tsar Rouge, aussi compétent dans le domaine de la linguistique que dans celui de la biologie ou de l'agriculture – pour ne pas parler de son omnipotence politique et militaire – évoquaient, à l'intérieur du matérialisme dialectique, une nature dirigeante infiniment supérieure à celle du commun des mortels, mais un athée jamais ne se revendiquera d'essence divine, Dieu merci. On aurait pu fonder de grands espoirs sur quelqu'un comme Idi Amin Dada, élevé dans une culture animiste et probablement le plus proche par ses extravagances meurtrières du portrait qui nous est fait des empereurs romains les plus déments. Pourtant lui aussi s'est abstenu de transgresser cette ligne universellement respectée dans le monde contemporain qui interdit de se proclamer dieu, sauf à être tenu pour fou. L'affaire paraît entendue, les dieux sont morts, victimes, si l'on peut dire, d'une multitude de causes. Le monothéisme les a doublement terrassés. Le judaïsme puis l'islam, en proclamant avec une rigueur sans faille le dogme de l'unité divine, ont évidemment pratiqué le rejet absolu du polythéisme. L'Incarnation chrétienne, l'avènement du Dieu-homme, a rendu *ipso facto* radicalement impossible la figure de l'homme-dieu. Si l'on y ajoute le matérialisme marxiste, la proclamation nietzschéenne de la mort de Dieu, on comprend qu'il soit devenu, on n'ose malgré tout dire définitivement, impossible de devenir dieu. Au demeurant, le polythéisme antique lui-même ne concevait pas comme totalement absurde l'idée même que les dieux puissent mourir[1]. Comme le rappelle John Scheid dans notre entretien, il suffisait de couper un arbre pour

---

1. Comme cela est rappelé par B. Sève, dans *La Question philosophique de l'existence de Dieu*, Paris, PUF, 1994, p. 237-241, ouvrage auquel notre réflexion doit beaucoup.

que la divinité qui y résidait et qui en était, en quelque sorte, l'âme disparût. Dans un texte à juste titre célèbre[2], Plutarque raconte comment Thamous, pilote égyptien qui conduisait à Rome un navire chargé de marchandises, s'entendit interpeller par une voix qui lui disait : « Quand tu seras à la hauteur de Palodès, annonce que le grand Pan est mort. » L'affaire fit grand bruit, et l'empereur Tibère consulta des philologues qui identifièrent ce Pan au fils d'Hermès et de Pénélope, donc à un demi-dieu, ce qui rendait le scandale de cette mort moins flagrant. Mais l'épisode continua à susciter des interrogations, puisqu'il s'agissait du « grand Pan », autrement dit d'une totalité qu'il importait d'identifier. D'où, chez les interprètes chrétiens, l'interprétation selon laquelle était ainsi annoncée la disparition du panthéon païen. Plus simplement, en dehors des grands dieux de l'Olympe, les autres dieux étaient parfois immortels sans beaucoup de conviction.

Un paradoxe se trouve au centre du paganisme antique. D'une part, l'espace entre l'homme et les dieux se révèle surpeuplé : circulation des âmes, multitude de héros, démons, génies, demi-dieux, on s'y bouscule, tout semble créer un *continuum* entre le monde humain et le monde divin. De surcroît, l'attitude fort peu exemplaire des dieux, même les Olympiens, tels qu'ils étaient décrits dans la mythologie, n'interdisait pas de penser qu'il s'agissait de mortels à peine améliorés. Toutefois cela n'empêchait pas les dieux d'être aussi les paradigmes de la perfection. Il était certes possible de les railler, de mettre en doute leur puissance et même leur existence ; néanmoins, chaque fois qu'il s'agissait de suggérer la limite ultime de la perfection, c'est la divinité qui servait de référence. La formule platonicienne du *Théétète* « se rendre semblable à Dieu dans la mesure du possible[3] », qui, après la phase sceptique de la Nouvelle Académie,

---

2. Plutarque, *Sur la disparition des oracles*, 17.
3. Voir *infra*, p. 66.

devint le *leitmotiv* du platonisme à l'époque impériale, dit bien cette fonction de la divinité : être le modèle auquel l'homme doit tenter de s'assimiler dans son effort pour intérioriser le Bien. En même temps, la réserve « dans la mesure du possible » instaure une relation asymptote de l'homme à Dieu, elle évoque une distance minime, un *epsilon* pour reprendre un terme mathématique, qui ne pourra jamais être complètement aboli. Aristote, qui définissait l'homme comme étant « pour ainsi dire un dieu mortel[4] », ne renia pas l'enseignement de son maître, puisqu'il conserva la formule restrictive dans sa définition de l'activité contemplative de l'homme, affirmant que l'immortalisation « dans la mesure du possible » consiste à vivre selon la partie la plus noble de l'âme[5].

Lorsque la conquête d'Alexandre et ce qui fut probablement son corollaire, l'apparition des philosophies hellénistiques, abolirent la restriction platonicienne et aristotélicienne, le temps de l'homme-dieu arriva. Il serait impossible d'en aborder ici tous les aspects. Limitons-nous à un seul exemple, celui du stoïcisme. Que signifie dans cette doctrine l'affirmation selon laquelle le sage est l'égal de Dieu ? Elle est à nos yeux une construction qui commence par un transfert et par une inversion du « presque ». Dans la pensée classique, l'assimilation à Dieu était presque possible. Pour les stoïciens, c'est la perfection humaine qui était presque impossible, donc, malgré tout, réalisable. À la clôture de fait que constituait une limite dont on pouvait s'approcher, mais qui restait inatteignable, se substituait une ouverture vers la lumière, minuscule, impraticable à l'immense majorité des humains, et néanmoins jugée suffisante pour polariser les efforts de tous ceux qui cherchaient à vivre selon le Bien. À cela s'ajoutait une seconde inversion : au lieu de mettre en valeur ce qui, de toute évidence, séparait l'homme de la divinité, les stoïciens déclaraient

---

4. *Des termes extrêmes des biens et des maux*, II, 40.
5. *L'Éthique à Nicomaque*, X, 7, 1178a.

qu'il s'agissait là d'un indifférent. Vivre peu ou être éternel, quelle importance, puisque seule une vie vécue selon le Bien est conforme à la rationalité universelle ? Si une seconde de sagesse est incommensurablement supérieure à une longue existence de plaisirs communs, autrement dit de folie, la durée, apanage des dieux, n'a aucune valeur par elle-même. L'homme se retrouve sage, donc dieu, non pas en tuant les dieux, mais en voyant dans leur immortalité la métaphore d'une perfection infiniment plus précieuse, celle de la rationalité.

Paradoxalement, il est plus simple de comprendre les opérations intellectuelles par lesquelles les stoïciens parvenaient à construire un homme-dieu, improbable mais non impossible, que de définir ce que pouvait être pour un empereur romain sa propre divinité et ce qu'elle représentait pour ses sujets. Ainsi posé, le problème peut sembler bien mal formulé : la diversité des empereurs, la relativité des sources, les nuances à apporter selon qu'il était question du culte du génie de l'empereur ou de sa personne, les multiples sensibilités en fonction des peuples et des classes sociales dans l'Empire, sont de nature à rendre impossible toute réponse générale et définitive. Faut-il pour autant se contenter de penser qu'il s'agissait d'un simple fait de langage, que l'on disait de l'empereur qu'il était un dieu comme aujourd'hui on qualifie tel ou tel athlète de « dieu » du stade ou la dernière midinette en vogue de « déesse » de la mode ? Ici encore, nous nous trouvons confrontés au problème de la métaphore, autrement dit d'un transfert que l'on est tenté de figer en lui assignant une limite, mais dont il y a tout lieu de croire qu'il représentait surtout un va-et-vient permanent entre le réel et le fantasme. Les signifiants ne sont jamais sans conséquences, celui de « dieu » encore moins que les autres. Franchir les limites de la nature humaine constitue une pulsion, un rêve trop profondément enraciné dans l'homme pour que l'omniprésence, des siècles durant, de la figure de l'homme-dieu n'ait pas induit des phénomènes intellectuels et spirituels aussi complexes que profonds. En ce sens, l'homme-dieu a, paradoxalement, sans doute préparé les esprits à accueillir son contraire absolu, le Dieu-homme. Les stoïciens avaient divinisé le sage en faisant de la rationalité le seul critère de la perfection, donc de la divinité ; les empereurs, *mutatis mutandis*, firent la même chose pour la puissance. Le reste suivit, les temples, le culte impérial devenu ciment de l'Empire et un cosmopolitisme concret qui faisait de Rome la demeure centrale de la « cité des hommes et des dieux ».

Que sont les dieux devenus ? La plupart de ceux qui se sont posé cette question ont répondu par une pensée du dépassement : « Les dieux passent comme les hommes, et il ne serait pas bon qu'ils fussent éternels », dit Renan, dans ses *Souvenirs d'enfance et de jeunesse*[6]. Les dieux sont toujours derrière nous, étape n'existant que pour être franchie ; place donc au monothéisme, à l'athéisme, au Surhomme ou au rien. Pourtant, nous avancerons une autre hypothèse. Pourquoi ne pas supposer qu'au contact quotidien de tant de rhéteurs éminents, de philosophes subtils et d'empereurs sages ou fous, mais tous épris de culture classique, les dieux, bien moins lourdauds qu'ils n'ont été décrits, ne soient devenus eux aussi des adeptes de la métaphore, et que, ne pouvant sauver leur être dans son intégralité, ils aient choisi de le transférer ailleurs ? Après tout, si la spéculation philosophique parvenait à décrire comment l'homme pouvait devenir divin, ne faut-il pas imaginer que les dieux, au moment même où leur disparition paraissait certaine, ont estimé que l'essentiel, leur essentiel, n'était ni dans leur nom, ni dans la splendeur des temples, ni dans l'abondance des statues, ni dans la richesse des sacrifices, mais dans la primauté du corps, dans le désir assumé sous toutes ses formes, dans l'hommage parfois irrévérencieux rendu à une nature que rien ne transcende, dans la relativisation,

6. Cité par B. Sève, *op. cit.*, p. 219.

pour le moins, de la frontière entre l'homme et l'animal, dans la fascination de la jeunesse, dans une éthique de la beauté ? N'en déplaise à tous ceux qui les ont un peu trop vite enterrés, plus que jamais, les dieux sont parmi nous.

Je tiens à remercier Laure de Chantal pour avoir accueilli ce livre dans sa collection et pour m'avoir aidé bien au-delà de ses obligations de directrice de collection. Mes remerciements vont aussi à Marie-Anne Sabiani et à Lucia Saudelli pour leurs précieux conseils.

ENTRETIEN AVEC JOHN SCHEID

John Scheid, né en 1946 à Luxembourg, est actuellement professeur au Collège de France. Depuis sa thèse de doctorat de troisième cycle, soutenue à l'université de Strasbourg-II, et sa thèse de doctorat d'État (Romulus et ses frères. Le culte des frères arvales, modèle du culte public dans la Rome des empereurs *(1987))*, *il a multiplié les publications qui ont renouvelé en profondeur notre perception de la religion romaine. Il est notamment l'auteur de* Religion et piété dans la Rome antique *(Paris, Albin Michel, 2001),* La Religion des Romains *(Armand Colin, Paris, 2002),* Quand faire, c'est croire *(Paris, Aubier-Montaigne, 2005) ainsi que, avec François Jacques, de* Rome et l'intégration de l'Empire 44 av. J.-C. - 260 ap. J.-C. *(Paris, PUF, « Nouvelle Clio », 2010).*

CARLOS LÉVY. – *Le désir de devenir dieu est-il une caractéristique propre aux hommes de toutes les cultures ou ne concerne-t-il qu'un certain nombre de civilisations, dont la civilisation gréco-romaine ?*

JOHN SCHEID. – Il m'est difficile de répondre sur un plan aussi général. Je sais que c'est le cas en Chine, en Égypte, pour certaines fonctions ; même en Grèce et à Rome, où la question est centrale, l'aspiration est loin d'avoir concerné tout le monde, ou d'avoir toujours existé. À l'époque historique, l'idée se répandit que des personnages exceptionnels du passé avaient pu devenir dieux et que les souverains le pouvaient aussi. Pour le reste, je vous renvoie au mot de Vespasien : dire pour un empereur « je sens que je vais devenir dieu » signifie sentir la mort approcher.

*Devenir dieux, est-ce la même chose en Grèce et à Rome ?
L'interrogation et la signification sont-elles identiques dans les
deux cultures ?*

Les deux civilisations admettent la possibilité de passer de l'état d'humain à celui de divinité. La distinction
entre mortalité et immortalité ne concerne pas seulement les humains. En effet, il y a des dieux mortels ou qui
disparaissent, ce qui est une forme de fin. Les Romains
comme les Grecs acceptent l'idée d'un passage entre la
vie et la mort.

Par exemple ?

Déjà dans l'*Hymne à Aphrodite*, attribué à Homère,
les nymphes ne vivent que tant que la source qui les
héberge coule. Même chose pour les dryades : elles sont
immortelles jusqu'à ce que leur arbre cesse de fleurir et
de se renouveler. Vienne la source à tarir ou l'arbre à
être abattu, et la nymphe ou la dryade succombe à son
tour. Le plus curieux est que, le reste du temps, elle est
dite immortelle. La même particularité existe à Rome,
pour les nymphes bien sûr, mais aussi pour les génies. Le
genius d'un être ou d'une chose (n'oublions pas que les
institutions et les camps militaires ont aussi leur génie) se
constitue au moment de la naissance de la réalité concer-
née et se dissout lorsqu'elle disparaît. Toutefois, entre
ces deux événements, il est immortel. La durée d'immortalité du *genius* est par conséquent très aléatoire : le génie
de Jupiter a beaucoup plus de temps devant lui que celui
d'un paysan du Latium !

*Toujours pour mettre en perspective la Grèce et Rome : dans
quelle mesure le* genius *et le* daimôn *sont-ils comparables[1] ?*

1. Pour ces divinités de rang inférieur que sont les « génies » et les
« démons », voir *infra*, p. 65, 95.

Disons que les Grecs ainsi que les Romains ayant la double culture traduisent *genius* par *daimôn* et *vice-versa*. Effectivement, les deux sont considérés comme des divinités mineures : le terme « dieu » n'est jamais employé à leur propos. Je ne pense pas qu'il s'agisse exactement du même statut, d'autant plus que les termes ont évolué avec le temps. Toutefois, ils peuvent être mis en parallèle. Intéressants sont les *indigitamenta*, comme les désignent les manuels, ces divinités que les Romains constituent, dans l'action rituelle, pour exprimer des aspects d'une divinité supérieure : quand Jupiter agit, chacun de ses modes d'actions correspond à ces entités, qui se dissolvent dès la cérémonie finie. On est alors très proche des *daimones* des philosophes grecs.

Plutarque affirme avoir lu chez Hésiode de la manière la plus claire une sorte de hiérarchie[2] : il y a, par ordre décroissant, les dieux, les daimones, *les héros, et enfin les hommes. Il semble envisager les différentes catégories dans un* continuum. *S'agit-il d'une reconstitution ou bien la hiérarchie est-elle sensible dès la période archaïque ?*

Je ne peux affirmer que cette échelle de valeur était fermement structurée, qu'il y avait une théorie générale de la divinité, et cependant je crois que le propos de Plutarque révèle une pratique : son commentaire, à mes yeux, est pertinent à ce sens. Les divinités mineures, ces petites entités de travail (les *indigitamenta*), les « dieux communs » comme Ovide les nomme, existaient aussi en Grèce. Au XIXᵉ siècle, Usener[3] a fait scandale en le démontrant. Selon moi, dès les premiers temps de la Grèce, les *daimones* n'ont déjà plus le même statut que les dieux, ni que les héros, lesquels sont pourtant des personnalités divines suffisamment importantes

---

2. Voir *infra*, p. 97.
3. *Götternamen. Versuch einer Lehre von der religiösen Begriffsbildung*, Bonn, 1896.

pour bénéficier d'un culte. Ils ne font pas qu'inspirer les poètes. Ils se retrouvent aussi à Rome, encore que les Romains ont toujours eu quelques difficultés en ce qui concerne le passage à l'immortalité d'êtres humains exceptionnels, de héros. Pour les Grecs, des individus peuvent, au prix de quelques exploits, devenir des divinités : la mythologie abonde d'exemples, d'Héraclès à Asclépios. Pour les Romains, les héros sont des divinités dès le début, à l'image d'Hercule, le pendant romain d'Héraclès.

Une autre grande différence est que les Grecs immortalisent des humains, mais de leur vivant : des honneurs divins leur sont rendus dès avant leur mort. Ils ont droit à des prêtrises et à des temples, même si ce culte peut disparaître avec eux. Après la conquête des pays grecs par les Romains, les cultes des rois hellénistiques y disparurent presque tous. Et sous l'Empire peu d'empereurs continuaient à y recevoir un culte après leur mort. Chez les Romains, il n'est pas possible d'être divinisé de son vivant. Les empereurs en sont l'exemple le plus connu. L'apothéose intervient après la mort et elle n'est pas réversible. Au début de l'Empire, les Romains ont eu du mal à admettre ce processus de divinisation. Seul César a osé franchir le pas d'une divinisation *ante mortem*, avant sa mort. Il s'agirait, d'ailleurs, de l'une des raisons de son assassinat : la loi le divinisant aurait été votée avant sa mort. À Rome, à l'époque, cela était impensable.

Pourtant les empereurs Néron et Caligula se considéraient comme des dieux vivants.

Certes, c'est ce qui est raconté. Il faut cependant nuancer : pour Caligula comme pour Néron, le seul dossier à nous être parvenu est un dossier à charge. Aucun des témoignages contemporains conservés n'est impartial. Seul le tyran est décrit en eux. Toutefois, à observer les quelques documents archéologiques que nous avons

conservés de cette époque, la réalité est autre : les inscriptions cultuelles notamment, lorsqu'elles se réfèrent à
l'État, ne font allusion à aucun culte particulier. Je ne dis
pas que les deux hommes n'aient pas été des monstres,
mais, du point de vue religieux, ils ne semblent pas s'être
distingués de leurs prédécesseurs. Il s'agit plutôt, pour
moi, du *topos* du souverain mégalomane qui cherche à
dominer non seulement ses sujets, mais aussi sa famille,
ses proches, et même les dieux.

Pour Caligula, le témoignage « en direct » de Philon
d'Alexandrie dans la Legatio *est fort explicite[4]. La pratique*
peut aussi ne pas avoir laissé de trace archéologique.

Sans doute. Dans la cour d'un tyran, vous trouverez
toujours des flatteurs de tous bords prêts à traiter le chef
comme un dieu : la flagornerie et la loi du plus fort ne
sont pas réservées aux Anciens ! Louis XIV ou Napoléon
avaient certainement de quoi se sentir dieux. Pour revenir à l'Antiquité, les dédicaces des poètes, sous Domitien
notamment, sont souvent si laudatives qu'elles semblent
s'adresser à des dieux. Dans l'épigramme 83 du livre VI,
Martial compare la clémence de l'empereur à celle de
Jupiter tonnant, mais en quoi est-ce le diviniser ? Ce sont
des formules : du point de vue cultuel, il n'y a rien. En
ce qui concerne le récit de Philon, il convient également
d'être méfiant, car il contient tous les éléments du *topos*
du tyran, parmi lesquels la cruauté ainsi que la grossiè-
reté à l'égard de ses interlocuteurs.

Selon Philon, les événements de 38 à Alexandrie, autrement
dit le grand pogrom déclenché par des citoyens grecs de cette ville
contre les Juifs qui, pour la plupart, n'avaient pas la citoyen-
neté, sont nés de la décision de Caligula de faire ériger sa statue
dans les lieux de culte, dont les lieux de culte juif.

4. Pour ces textes, voir p. 130-133.

Il s'agit, en réalité, d'une pratique banale : tous les lieux de culte, dans le monde hellénisé, renfermaient le portrait du souverain. Tous les temples grecs, à cette époque, contenaient une représentation de l'empereur. Dans les temples romains, il s'agissait du génie de l'empereur, vénéré dans une petite chapelle, ou d'un *divus*, de caractère divin. Les heurts sont nés plutôt du fait que l'empereur n'a pas respecté l'accord tacite qui existait depuis les Ptolémées et qui faisait une exception pour la loi juive, laquelle interdit toute représentation. Caligula a simplement exigé qu'il n'y ait plus d'exception. Il s'est comporté en tyran, il a brutalisé la communauté juive, en ne reconnaissant pas le privilège dont elle jouissait.

La grande différence est donc que la divinisation s'opère chez les Romains après la mort – c'est l'apothéose – et que dans le monde hellénistique celle-ci apparaît du vivant du personnage ?

Il faut bien insister sur le fait qu'il s'agit du monde grec et non du monde hellénistique. Le grand bouleversement date d'Alexandre. Pour la première fois un individu concentrait tant de pouvoir. Alexandre avait soumis non seulement la Grèce mais l'Empire perse tout entier et il était allé jusqu'en Inde, d'où le saut vers la divinisation. Simon Price[5] résume bien ce changement en écrivant qu'il n'y avait pas de concept humain pour exprimer tant de puissance. Pour expliquer une réalité aussi inconcevable, il n'y avait que les mots relatifs à la divinité. Le passage s'opère dès lors aisément : un homme qui a accompli un tel exploit ne peut être que nommé « dieu ». Il est désigné en termes divins, il reçoit les honneurs dus aux dieux. Est-ce à dire qu'il était réellement pensé comme un dieu ? Je n'en suis pas sûr, surtout en pays grec. Il ne faut pas confondre ce qui relève

5. *Rituals and Power: the Roman Imperial Cult in Asia Minor*, Cambridge, 1984.

du discours, même lorsque celui-ci a des implications directes sur les pratiques religieuses, avec les croyances profondes.

Est-ce que l'Égypte, dont les pharaons étaient des dieux vivants, a pu jouer un rôle dans ce processus ?

Oui. Alexandre a connu les pharaons, comme les Romains connaîtront les rois hellénistiques. Les gouverneurs eux-mêmes étaient divinisés après une bonne gestion. Il est certain que toutes ces traditions étaient connues, et celles-ci ont contribué à faire tomber les préventions. Toutefois, dans la République austère, Caton se serait probablement déchiré la toge devant de telles pratiques ! Encore au début du Ier siècle Quintus Mucius Scaevola, en critiquant la théologie philosophique, stoïcienne (chez Augustin, *Cité de Dieu*, IV, 27), n'envisage pas même la possibilité un seul instant. Plus tard, à l'époque de Varron et de Cicéron, il est admis que des hommes exceptionnels puissent jouir de privilèges divins. La société aura mis deux ou trois siècles à l'admettre. La globalisation du monde antique, entraînée par le développement de Rome, n'est pas étrangère à ce phénomène. En dépassant les limites naturelles du monde, en franchissant l'Euphrate, ce que les Romains n'étaient jusqu'alors jamais parvenus à faire et qu'Alexandre avait réussi, l'impensable est devenu acceptable. Les certitudes et les concepts ont alors évolué.

Dans quelle mesure l'intellectualisation philosophique a-t-elle eu une influence sur les croyances et sur les pratiques ?

Il est certain que les philosophes ont eu un rôle non négligeable dans le processus. Déjà Aristote cherchait à comprendre la totalité du monde et, plus tard, l'échelle des vertus des philosophes a permis de penser une élévation progressive de l'humain au divin. De plus, les philosophies hellénistiques ont contribué à la propagation de l'idée selon laquelle certains individus étaient à même de s'élever jusqu'au divin. Au début, Rome s'y oppose catégoriquement. Puis la résistance mollit : ces idées sont peu à peu discutées, puis acceptées, souvent par les mêmes personnes. Ceux qui ont poussé des cris d'orfraie devant la divinisation de César finissent par l'admettre.

Pour l'historien de la religion romaine que vous êtes, que représente l'affirmation de Varron selon laquelle à l'origine le culte romain était monothéiste ?

C'est une interprétation, qui nie certaines réalités. Nous avons retrouvé des statues très anciennes, datant du Ve voire du VIe siècle avant J.-C. attestant de dieux et de cultes multiples : et Varron n'aurait pas pu les voir ? Il s'agit d'une construction intellectuelle de sa part, se référant à une origine extrêmement lointaine. Varron d'ailleurs a pu écrire autre chose dans d'autres textes. Il est volontiers versatile et ne se prive pas pour accumuler des idées contradictoires.

Que faire alors de l'apothéose de Romulus[6] ?

Romulus n'a jamais connu d'apothéose ! Là encore, les textes et l'archéologie diffèrent. Le récit de l'apothéose apparaît dans la poésie augustéenne, même si des annalistes ont pu l'évoquer auparavant. Plutarque aussi, au IIe siècle, y fait allusion. N'oublions pas cependant que Romulus n'a jamais été vénéré à Rome. Son image est portée dans les processions parmi les images des ancêtres des empereurs juliens, ce qui signifie qu'il n'est pas

---

6. Voir texte p. 116-118. Il y avait plusieurs versions de la mort du roi fondateur, dont une raconte qu'il fut mis en pièces par les sénateurs qui emportaient chez eux des morceaux de son corps. Selon une autre version, Romulus disparut un jour au cours d'un orage au Champ de Mars. Il apparut ensuite à un sénateur et lui annonça qu'il avait été élevé parmi les dieux. D'après une autre tradition il fut divinisé sous le nom de Quirinus. Mais, dans le culte, ce dieu est indépendant de Romulus.

un dieu, ni même un héros. Sinon il ne pourrait pas être présent dans cette procession. Aucune trace d'un culte[7] qui lui aurait été consacré n'a été retrouvée. Il appartient à la catégorie, évhémériste, des souverains et des bienfaiteurs mythiques.

Le Songe de Scipion[8], n'est-il qu'une rêverie philosophique ou bien reflète-t-il des éléments historiques ?

Le Songe de Scipion est un texte superbe autant que fascinant… qui contredit en tout la religion romaine ! Celle-ci est entièrement physique, jamais métaphysique. Elle s'occupe du bien-être des corps et des êtres, dans ce monde-ci, et n'a rien à proposer concernant l'au-delà. Elle n'est pas destinée à une âme immortelle. À la limite, un peu comme les magistrats, elle se charge de faire respecter les droits des morts : par exemple, elle veille à ce que les honneurs accordés le soient dans les règles ou que leurs tombes ne soient ni profanées ni détruites. Pour « le reste », elle demeure muette. D'ailleurs, dans ce texte, Cicéron n'évoque nullement la religion, mais les vertus personnelles. Le sage ou l'homme d'État cicéronien peut s'élever jusqu'au divin, à titre personnel. Pour l'historien des religions, ce texte contient des idées qui eurent un développement brillant, mais qui, dans la Rome cicéronienne, ont dû étonner, tant elles étaient incongrues par rapport au quotidien de la religion. Il est, en revanche, très éclairant pour connaître les idées circulant parmi les élites cultivées.

Le Songe de Scipion n'est-il pas la transposition intellectuelle de l'idée de la continuité entre les dieux et les hommes ?

---

7. Voir p. 118.
8. *Le Songe de Scipion* termine le *De re publica* de Cicéron. Scipion le Second Africain y raconte comment son oncle, le vainqueur d'Hannibal, lui est apparu en songe et lui a raconté que les âmes des hommes qui ont bien servi l'État deviennent après leur mort des astres au firmament. C'est ce que l'on appelle le catastérisme.

Certainement. Dans la religion romaine, toute l'échelle est présente, tous les degrés de divinités, comme les *divi* correspondant aux empereurs divinisés. Je pense que ce passage de l'humain au divin est lié au fait que, dans l'Antiquité, les dieux ne sont pas les créateurs des hommes. Les hommes et les dieux appartiennent au même monde.

Ce qui crée une grande familiarité.

Oui. Au fond, ce sont plutôt des barrières sociales et mentales qui empêchent le passage de l'une à l'autre catégorie. La preuve en est que tout le monde, depuis Romulus, divinisait ses parents. À leur mort, les individus étaient, par les rites de la cérémonie funéraire, transformés en parcelle divine de la collectivité des dieux mânes.

Pour la religion romaine, nous possédons deux informations contradictoires : d'une part il y a ce continuum, *cette familiarité avec les dieux ; d'autre part la religion de la fin de la République est présentée comme agonisante, dotée d'un clergé officiel sclérosé et d'un culte auquel plus personne ne croyait. Comment comprendre la coexistence d'une connivence avec le divin et du désintérêt pour les pratiques religieuses ?*

L'idée selon laquelle la religion romaine était moribonde date du romantisme. Qui dit qu'elle était présente dans l'Antiquité ? En fait, je pense que les deux aspects sont liés, car les dieux antiques ont, en quelque sorte, une double vie. La première, dans l'au-delà, métaphysique et immortelle, demeure inconnue des hommes. « Des dieux nous ne connaissons que les noms, tout le reste nous échappe », enseignait Socrate (Platon, *Cratyle*, 400d-401a). Maimonide, bien plus tard, ne dira pas différemment. En revanche, dans leur vie terrestre, les dieux, prompts à s'occuper des affaires d'ici-bas, sont de véritables partenaires, des partenaires tout-puissants qu'il faut révérer en raison de leur pouvoir, un peu comme un citoyen vis-à-vis d'un sénateur. Je les ai appelés « dieux-citoyens », pour signifier cette proximité entre les dieux et les hommes, qui est au cœur de la religion antique. L'expression existe déjà chez Lucien. Tertullien l'emploie également (il les nomme *dii municipes*, « dieux-citoyens »). Sur terre, les dieux sont des agents à part entière, bénéficiant d'égards et de privilèges, juste au-dessus de ceux des personnalités de haut rang. Dans la cité grecque et la ville romaine, ils sont des partenaires comme les autres, qu'il faut honorer. Cela se fait par les rites. Comme il n'y a pas de dogme, ni de livre, ce sont les rites, les pratiques, qui témoignent du *cultus* – le culte – des dieux. C'est du pur ritualisme. Il s'agit d'une religion où les autorités temporelles, le père de famille, le commandant d'une légion, le consul, détiennent aussi une autorité religieuse, même s'ils se font conseiller par des prêtres. Ceux-ci ne sont pas des hommes de dieux : ce sont essentiellement des personnes détentrices du droit sacré, qui s'occupent des rites, des professionnels du divin en somme.

Comment expliquer la facilité relative avec laquelle s'est implantée la religion chrétienne ?

L'idée qu'un dieu puisse venir sur terre n'a rien d'étonnant pour un Ancien. Ce qui est choquant, c'est qu'un dieu se prétende unique et, qu'au lieu d'exercer sa toute-puissance, il se laisse crucifier comme un misérable. La familiarité avec les dieux a rendu plus aisé l'avènement du christianisme, c'est sûr. Un Romain s'attend toujours plus ou moins à voir surgir un dieu, il y a même une divinité spécifique qui est réservée à cette possibilité, *Siue deus siue dea*, « Dieu-ou-déesse ». Qu'un dieu descende sur terre n'a rien d'insensé ou d'inimaginable. Il en va de même des épiphanies dans le monde grec, qui sont des incarnations des divinités dans des personnalités importantes. Ce qui pouvait troubler la mentalité romaine, en revanche, et notamment les élites, c'était le caractère plébéien de l'aventure chrétienne. Pour le reste, il n'y avait pas grand-chose à même de les gêner. Quant à l'autre aspect de la question, la facilité avec laquelle le christianisme s'est imposé, je reste sceptique. D'abord, je crois que le christianisme n'est pas un monothéisme et qu'il n'est pas vain d'étudier tout ce qui de la religion romaine est passé dans le christianisme ! Entre la Trinité, la Vierge Marie et tous les saints, il y a un véritable panthéon chrétien, n'en déplaise aux autorités chrétiennes ! Qui plus est, je ne pense pas que le christianisme se soit imposé si facilement. Encore à l'époque de Constantin au IVe siècle, les chrétiens ne sont guère nombreux. Cela fait un siècle que Tertullien a écrit son œuvre apologétique, des persécutions ont eu lieu, les heurts sont devenus plus forts dans la seconde moitié du IIIe siècle, prenant dans quelques régions de l'Empire des allures de guerre civile, surtout lorsque les élites étaient converties, cependant rien n'est joué. À la campagne personne n'est chrétien, ou si rarement. Il faudra du temps, et nombre de revirements, pour que le christianisme s'implante pour de bon. Paul Veyne, dans son livre sur la conversion du monde antique[9], explique très justement que, lorsque Julien est devenu empereur et a prôné le retour à la religion païenne, certes des patriarches poussaient des hauts cris, mais la grande majorité de l'élite n'en était pas outrée. Imaginez que Julien ait eu un successeur de la même trempe, le christianisme n'aurait sans doute pas connu un tel succès. Quand, à la mort de Julien, son favori n'est pas élu et que Gratien, un chrétien radical, se retrouve au pouvoir, il n'y a pas davantage de protestations dans le camp « païen ». Le retour au christianisme se fait paisiblement. À mon sens, le passage du polythéisme romain au christianisme est le fait d'une série de hasards, aux conséquences déterminantes.

9. Paul Veyne, *Quand notre monde est devenu chrétien (312-394)*, Paris, Albin Michel, 2007.

Il en va tout autrement du judaïsme.

Oui, là, il y a une incompatibilité radicale, et ce depuis le début, même si certains Juifs étaient mieux intégrés, comme à Alexandrie. Quant à la communauté de Rome, pour laquelle hélas nous n'avons pour tous témoignages que des cimetières, elle semble avoir bénéficié d'un *modus vivendi* lui assurant la paix.

Le christianisme s'est installé, alors que le judaïsme s'est avéré impossible. Hormis Varron, il n'y a pas un seul auteur latin qui ait un mot aimable – c'est un euphémisme – envers le judaïsme. La césure semble issue du politique : jusqu'à César et Auguste les relations sont relativement bonnes, puis les oppositions se radicalisent, et la violence est instaurée. Pourquoi ?

C'est vrai, même si la phase de violence est transitoire. Il faut dire que le général qui a détruit le Temple en 70, Titus, est devenu empereur par la suite… Pendant une génération, au moins, l'ennemi numéro un du judaïsme est l'Empire, et l'inverse est vrai aussi[10]. La situation se détériore davantage en 135 avec la révolte de Bar Kokhva. Longtemps minorée par les historiens, elle est aujourd'hui considérée comme déterminante. Bar Kokhva était parvenu à créer une province indépendante, à faire battre monnaie et avait même le projet de reconstruire le Temple. Certains de ses partisans l'ont considéré comme le Messie. La révolte a été écrasée, certes, mais au bout de trois ans. De récentes découvertes archéologiques ont montré que le nombre de soldats romains recrutés dans le monde romain vers 135 était beaucoup plus important que les autres années : un signe des difficultés qu'eut Rome à maîtriser la région. Deux

10. Sur le conflit entre Rome et Jérusalem, voir M. Hadas-Lebel, *Jérusalem contre Rome* (Paris, Éditions Le Cerf, 1990) et M. Goodman, *Rome et Jérusalem. Le choc de deux civilisations* (trad. française, Paris, Perrin, 2009).

ou trois légions romaines auraient été exterminées, ce qui fut un choc terrible pour l'Empire d'Hadrien, et plus de 500 000 Juifs furent tués. Ce fut une guerre très dure. Cette période, dont datent la plupart de nos sources latines, explique largement l'antijudaïsme romain. Cicéron, un siècle et demi plus tôt, sans être particulièrement œcuménique, a admis dans un procès le denier du Temple. Mais après 135 la situation s'apaise à nouveau : de grandes synagogues sont bâties un peu partout en Orient, et les diverses communautés ne sont plus inquiétées.

La période d'Hadrien correspond au paroxysme de la violence ?

Absolument. En outre, en toile de fond il devait y avoir la polémique avec les chrétiens, dont les rites étaient encore très proches de ceux du judaïsme, mais qui étaient considérés par les Juifs comme philo-romains, si bien qu'en 90 l'accès aux synagogues leur fut interdit. Ces dissensions internes ont sans doute accentué la crise. Je crois aussi que ce sont surtout leurs coutumes, leurs rites, qui sont reprochés aux Juifs, bien plus que leur croyance.

Revenons, pour terminer, à l'apothéose : vous semblez convaincu que les empereurs, à l'image de Vespasien, étaient plus que sceptiques quant à leur nature divine. Ont-ils tous été suffisamment sages pour ne pas être enivrés à la pensée qu'ils allaient devenir dieux ?

Non, bien sûr, et c'est humain, si je puis dire. Pour ce qui est de la divinisation toutefois, je crois qu'un homme de ce temps, qui pensait normalement, voyait cela comme un rite, guère différent d'un autre. Tibère par exemple, qui était loin d'être humble, a refusé d'être divinisé. La pratique montre en outre que nombre d'impératrices et de princesses du Ier siècle semblent ne pas avoir conservé leur statut divin très longtemps : à l'époque de Commode, en 180, leurs noms ont disparu de la liste officielle des *diui* et des *diuae*. Sont gardés Auguste et uniquement ceux qui ont été empereurs – et dont la mémoire n'a pas été damnée. À mon sens, c'est le pouvoir impérial qui est divinisé, pas la personne. Il s'agit d'un acte religieux à portée politique, dans une religion qui n'est pas liée à des croyances. Nous pouvons avoir du mal à le concevoir, mais la religion romaine pourrait se définir comme une série de pratiques sans croyance, donc permettant toutes les croyances et tous les débats.

CARTES

La Méditerranée antique (1 cm = 280 km)

© Les Belles Lettres

Le monde grec (1 cm = 98 km)

© Les Belles Lettres

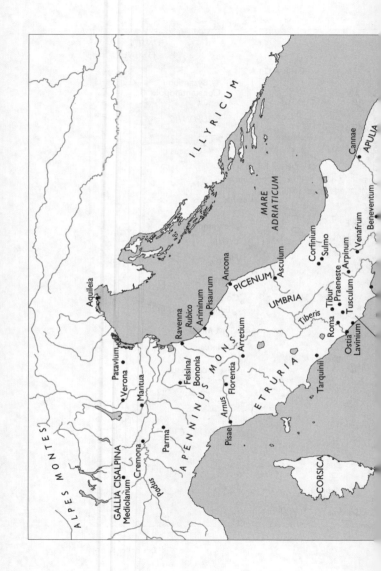

L'Italie antique (1 cm = 93 km)

© Les Belles Lettres

I

À L'ORIGINE,
MONDE DES DIEUX
&
MONDE DES HOMMES
CHEZ
HOMÈRE ET HÉSIODE

« Comment répartir les places entre Monde des dieux et des hommes ? », se demande Jean-Pierre Vernant, à propos de la *Théogonie*, dans laquelle Hésiode raconte la naissance du monde, des dieux et des hommes[1]. Sa réponse est celle-ci : « S'impose alors une solution qui ne résulte ni du surcroît de force ni d'une entente entre égaux. » Cette solution, que Vernant qualifie de « nécessairement bâtarde, biaisée », passe par l'intervention d'un être intermédiaire entre les hommes et les dieux, Prométhée, un Titan qui paiera très cher son action en faveur de l'humanité. Malgré toutes les différences, que l'on ne peut contester, entre l'œuvre homérique et celle d'Hésiode, elles ont un point commun : dieux, demi-dieux, démons, héros et simples humains, dans l'ordre hiérarchique, se côtoient sans que, pour autant, cette promiscuité aboutisse à de la confusion. La condition humaine peut se rapprocher de celle des Olympiens jusqu'à rendre la distance minuscule, elle ne s'identifie jamais totalement à elle. Elle n'est jamais qu'un « envers ressemblant et brouillé », pour reprendre une expression d'un poète contemporain, Claude Roy[2]. Et ce n'est pas uniquement parce que les dieux sont jaloux de leur supériorité. Lorsque Calypso propose à Ulysse de rester avec elle et de devenir immortel, il refuse ce qui pouvait sembler impossible à refuser, tout simplement parce qu'il estime que sa place est ailleurs, sur son île d'Ithaque où Pénélope l'attend.

---

1. *L'Univers, les dieux, les hommes*, p. 67.
2. « Ne pas dormir », *Poésies*, Paris, Gallimard, 1970, p. 25.

Homère

Les Grecs avaient construit, afin de protéger leurs navires,
un mur pour lequel ils n'avaient pas demandé l'accord des dieux.
Ceux-ci décidèrent de mettre fin à cette construction illégale.

HOMMES ET DIEUX CONTRE LE MUR

Tant que durèrent la vie d'Hector et la colère
d'Achille, tant que resta debout la cité de sire Priam, le
grand mur achéen aussi subsista. Mais, du jour où, chez
les Troyens, les plus braves étaient tombés, où, du côté
des Argiens, si quelques-uns vivaient encore, beaucoup
avaient péri déjà, où la ville de Priam, après dix ans, avait
été détruite, où les Argiens, sur leurs nefs, avaient déjà
pris la route des rives de leur patrie, de ce jour Poséidon
et Apollon décidaient de l'anéantir, en dirigeant sur lui
l'élan de tous les fleuves qui, des monts de l'Ida, coulent vers la mer, le Rhèse et l'Heptapore, le Carèse et
le Rhodios[1] le Granique et l'Ésèpe, le divin Scamandre
enfin et le Simoïs, près de qui boucliers et casques sans
nombre étaient tombés dans la poussière, avec toute la
race des mortels demi-dieux. Phœbos Apollon réunit les
bouches de tous et, les dirigeant vers le mur, neuf jours
durant, lança leurs flots sur lui. Et Zeus en même temps
faisait tomber une pluie continue, pour que le mur s'en
fût plus vite à la dérive.

Iliade, XII, 10-26

---

1. Ces quatre fleuves sont inconnus.

Réputé pour sa rapidité, Achille ne peut cependant pas rivaliser avec le Xanthe, un dieu-fleuve proche de Troie.

DIVIN N'EST PAS DIEU

Le Péléide s'éloigne, en un seul bond, d'une portée de lance. Il a l'élan de l'aigle noir, l'aigle chasseur, à la fois le plus fort et le plus rapide des oiseaux. Il bondit tout pareillement ; et, autour de sa poitrine, le bronze résonne, terrible, tandis qu'il se dérobe, prend du champ et fuit. Mais le Xanthe, à grands flots, le suit par-derrière, dans un tumulte effroyable. Qui n'a vu un homme tracer des rigoles partant d'une source sombre, pour guider le cours de l'eau à travers plants et jardins ? Un hoyau à la main, il fait sauter ce qui obstrue chaque canal. L'eau alors se précipite, roulant en masse les cailloux, et vivement s'écoule, murmurante, sur la pente du terrain, dépassant même celui qui la conduit. De même, à chaque instant, le flux atteint Achille, si prompt qu'il puisse être : les dieux sont plus forts que les hommes ! À chaque fois, le divin Achille aux pieds infatigables songe à se retourner et à faire front ; il voudrait voir si ce ne sont pas tous les Immortels, maîtres du vaste ciel, qui sont lancés à sa poursuite : à chaque fois, le flux puissant du fleuve tombé du ciel déferle sur ses épaules.

Iliade, XXI, 251-268

HOMÈRE
VIIIᵉ s. av. J.-C.

VIRGILE
Iᵉʳ s. av. J.-C.

CLAUDIEN
Vᵉ s. ap. J.-C.

Homère

Protée, divinité marine dotée de la capacité de se métamor-
phoser et de la faculté divinatoire, fit l'objet d'un certain nombre
d'interprétations allégoriques dans toute la littérature antique.
Ici, il annonce à Ménélas le destin exceptionnel qui attend les
héros après leur mort.

UN SORT EXCEPTIONNEL

Quant à toi[1], Ménélas, ô nourrisson de Zeus, sache
que le destin ne te réserve pas, d'après le sort commun,
de mourir en Argos, dans tes prés d'élevage ; et au
contraire, aux Champs Élysées, tout au bout de la terre,
les dieux t'emmèneront chez le blond Rhadamanthe[2] ,
où la plus douce vie est offerte aux humains, où, sans
neige, sans grand hiver, toujours sans pluie, on ne sent
que zéphyrs, dont les risées sifflantes montent de l'Océan
pour rafraîchir les hommes… pour eux, l'époux d'Hélène est le gendre de Zeus.

Odyssée, IV, 558-569

---

1. C'est Protée qui parle.
2. Rhadamanthe était, avec Éaque et Minos, l'un des juges des
Enfers.

La promesse de l'immortalité que lui fait la nymphe Calypso ne suffit pas à anéantir chez Ulysse le désir de retourner chez lui et de revoir sa femme Pénélope. L'humanité assumée dans la plénitude de ses aspects apparaît ainsi comme tout autre chose qu'une condition inférieure.

UNE DÉESSE, CELA SE REFUSE…
MAIS PAS TOUT DE SUITE

Elle dit et déjà cette toute divine l'emmenait au plus court. Ulysse la suivait et marchait sur ses traces, et déesse et mortel s'en revinrent ensemble à la grotte voûtée.

Il s'assit au fauteuil qu'Hermès avait quitté. La nymphe lui servit toute la nourriture, les mets et la boisson, dont usent les humains destinés à la mort ; en face du divin Ulysse, elle prit siège ; ses femmes lui donnèrent ambroisie et nectar, puis, vers les parts de choix préparées et servies, ils tendirent les mains.

Mais, après les plaisirs du manger et du boire, c'est elle qui reprit, cette toute divine :

CALYPSO. – Fils de Laerte, écoute, ô rejeton des dieux, Ulysse aux mille ruses !… C'est donc vrai qu'au logis, au pays de tes pères, tu penses à présent t'en aller ?… tout de suite ?… adieu donc malgré tout !… Mais si ton cœur pouvait savoir de quels chagrins le sort doit te combler avant ton arrivée à la terre natale, c'est ici, près de moi, que tu voudrais rester pour garder ce logis et devenir un dieu, quel que soit ton désir de revoir une épouse vers laquelle tes vœux chaque jour te ramènent… Je me flatte pourtant de n'être pas moins belle de taille ni d'allure, et je n'ai jamais vu que, de femme à déesse, on pût rivaliser de corps ou de visage.

Ulysse l'avisé lui fit cette réponse :

ULYSSE. – Déesse vénérée, écoute et me pardonne : je me dis tout cela !… Toute sage qu'elle est, je sais qu'auprès de toi Pénélope serait sans grandeur ni beauté ; ce n'est qu'une mortelle, et tu ne connaîtras ni l'âge ni la mort… Et pourtant le seul vœu que chaque jour je fasse est de

rentrer là-bas, de voir en mon logis la journée du retour !
Si l'un des Immortels, sur les vagues vineuses, désire
encore me tourmenter, je tiendrai bon : j'ai toujours là
ce cœur endurant tous les maux ; j'ai déjà tant souffert,
j'ai déjà tant peiné sur les flots, à la guerre !… s'il y faut
un surcroît de peines, qu'il m'advienne !

Comme Ulysse parlait, le soleil se coucha ; le crépus-
cule vint : sous la voûte, au profond de la grotte, ils rentrè-
rent pour rester dans les bras l'un de l'autre à s'aimer.

Odyssée, V, 203-220

Homère

Ce passage, qui a fait l'objet de controverses philologiques, exprime bien cependant la double nature d'Héraclès, à la fois homme et dieu, ce qui explique qu'il puisse se trouver à la fois aux Enfers et chez les Immortels.

HÉRACLÈS, HOMME ET DIEU

Puis ce fut Héraclès que je vis en sa force : ce n'était que son ombre ; parmi les Immortels, il séjourne en personne dans la joie des festins ; du grand Zeus et d'Héra aux sandales dorées, il a la fille, Hébé aux chevilles bien prises. Autour de lui, parmi le tumulte et les cris, les morts prenaient la fuite ; on eût dit des oiseaux. Pareil à la nuit sombre, il avait dégainé son arc et mis déjà la flèche sur la corde ; d'un regard effrayant, cet archer toujours prêt semblait chercher le but ; sa poitrine portait le baudrier terrible et le ceinturon d'or, où l'on voyait gravés, merveille des chefs-d'œuvre, des ours, des sangliers, des lions aux yeux clairs, des mêlées, des combats, des meurtres, des tueries : l'artiste, qui mit là tout son art essaierait vainement de refaire un pareil baudrier…

Odyssée, XI, 601-614

HOMÈRE
VIIIe s. av. J.-C.

VIRGILE
Ier s. av. J.-C.

CLAUDIEN
Ve s. ap. J.-C.

Hymne homérique

L'un des pièges de l'immortalité est qu'elle devient un fardeau si elle ne s'accompagne pas de l'éternelle jeunesse. D'où l'étrange destin de Tithon, qui offre implicitement une réflexion sur la temporalité.

L'IMMORTALITÉ NE SUFFIT PAS !

C'est encore un homme de votre race que Tithon, pareil aux Immortels, qui fut enlevé par Aurore au trône d'or. Elle s'en fut demander au Cronide des nuées sombres de lui donner l'immortalité et la vie pour toujours : Zeus y consentit d'un signe de tête et exauça son vœu. Quelle naïveté ! Elle ne songea point en son esprit, l'auguste Aurore, à demander la jeunesse et la faveur d'effacer la funeste vieillesse ! Tant qu'il avait la charmante jeunesse, il jouissait de l'amour d'Aurore au trône d'or, fille du Matin, et demeurait sur les bords d'Océan, au bout de la terre ; mais, quand les premiers poils grisonnants se répandirent sur son beau front et dans sa noble barbe, l'auguste Aurore s'éloigne de son lit : elle le nourrissait de froment et d'ambroisie, au fond de sa demeure, et lui donnait de beaux vêtements. Mais lorsque l'odieuse vieillesse l'eut accablé de tout son poids, et qu'il n'eut plus la force de mouvoir ni de soulever ses membres, voici quelle idée parut la meilleure à son esprit : elle le déposa dans un appartement, dont elle poussa les portes éclatantes. Il répand sans cesse un flux de paroles, et n'a plus rien de la vigueur qui présidait naguère en ses membres flexibles.

Je ne voudrais pas te voir, parmi les Immortels, être immortel comme lui, et vivre ainsi à jamais. Ah ! si tu pouvais vivre, svelte et beau comme te voilà, en portant le nom de mon époux, jamais chagrin n'envelopperait mon âme forte : mais en vérité la vieillesse cruelle va bientôt t'envelopper- l'impitoyable, qui assiège l'homme, de cet âge de mort et de souffrances dont les Dieux mêmes ont horreur. Pour moi, je serai sans cesse, à cause de toi, un objet d'outrages constants, continuels, parmi les Dieux immortels : naguère, ils craignaient mes paroles et mes desseins, parce que je les unissais tous à des femmes mortelles ; mon ingéniosité les pliait tous sous ma loi. Mais maintenant je n'oserai plus ouvrir la bouche à ce sujet parmi les Immortels : mon égarement fut très grand, lamentable, inavouable ; j'ai perdu la raison, et je porte un mortel. Sitôt qu'il verra la lumière du soleil, ce fils aura pour nourrices des nymphes montagnardes à l'ample poitrine, celles qui habitent cette grande et divine montagne.

À Aphrodite, 218-257

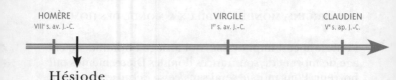

HOMÈRE
VIIIᵉ s. av. J.-C.

VIRGILE
Iᵉʳ s. av. J.-C.

CLAUDIEN
Vᵉ s. ap. J.-C.

Hésiode

L'artiste est comparable à un roi. Le lien privilégié qu'il entretient avec les Muses et avec Apollon lui donne un statut exceptionnel parmi les hommes. Platon reprendra à sa manière ce thème dans son dialogue intitulé Ion.

LE DON DES MUSES

C'est à cela qu'on connaît les rois sages, à ce qu'aux hommes un jour lésés ils savent donner, sur la place, une revanche sans combat, en entraînant les cœurs par des mots apaisants. Et quand il[1] s'avance à travers l'assemblée, on lui fait fête comme à un dieu, pour sa courtoise douceur, et il brille au milieu de la foule accourue. Tel est le don sacré des Muses aux humains. Oui, c'est par les Muses et par l'archer Apollon qu'il est sur terre des chanteurs et des citharistes, comme par Zeus il est des rois. Et bienheureux celui que chérissent les Muses : de ses lèvres coulent des accents suaves.

Théogonie, 88-97

---

1. Il s'agit de l'artiste.

La Théogonie *d'Hésiode montre comment l'univers s'est créé à partir du chaos. Éros, l'amour, est le principe de toute génération. Il n'interdit pas aux dieux, c'est le moins qu'on puisse dire, de fréquenter des mortelles.*

DIEUX ET MORTELS

À Zeus encore, Maïa, fille d'Atlas, dut d'enfanter l'illustre Hermès, héraut des dieux, montée avec lui dans son lit sacré.

Sémélé, fille de Cadmos, à lui unie d'amour, lui donna un fils illustre, Dionysos, riche en joies, Immortel né d'une mortelle. Aujourd'hui tous deux sont dieux.

Alcmène enfin devenait mère du robuste Héraclès, unie d'amour à Zeus assembleur de nuées.

Et Héphaïstos, l'illustre Boiteux, prit Aglaé, la plus jeune des Grâces, pour sa florissante épouse ; tandis que Dionysos aux cheveux d'or pour florissante épouse prit la blonde Ariane, la fille de Minos, que le fils de Cronos a soustraite à jamais à la mort et à la vieillesse.

Et ce fut Hébé, fille du grand Zeus et d'Héra aux brodequins d'or, que le vaillant fils d'Alcmène aux fines chevilles, le puissant Héraclès, ayant achevé ses gémissants travaux, se donna pour chaste épouse dans l'Olympe neigeux – héros bienheureux qui, sa grande tâche accomplie, habite chez les Immortels, soustrait au malheur et à la vieillesse pour les siècles à venir.

Théogonie, 938-955

Le mythe de l'âge d'or est un de ceux qui parcourent toute la littérature antique. On sait moins que la tradition faisait des êtres de cette période de bons démons présents dans le monde et chargés par Zeus de veiller au sort des humains.

COMME DES DIEUX : L'ÂGE D'OR

D'or fut la première race d'hommes périssables que créèrent les Immortels, habitants de l'Olympe. C'était aux temps de Cronos, quand il régnait encore au ciel. Ils vivaient comme des dieux, le cœur libre de soucis, à l'écart et à l'abri des peines et des misères : la vieillesse misérable sur eux ne pesait pas ; mais, bras et jarret toujours jeunes, ils s'égayaient dans les festins, loin de tous les maux. Mourant, ils semblaient succomber au sommeil. Tous les biens étaient à eux : le sol fécond produisait de lui-même une abondante et généreuse récolte, et eux, dans la joie et la paix, vivaient de leurs champs, au milieu de biens sans nombre. Depuis que le sol a recouvert ceux de cette race, ils sont, par le vouloir de Zeus puissant, les bons génies de la terre, gardiens des mortels, dispensateurs de la richesse : c'est le royal honneur qui leur fut départi. Puis une race bien inférieure, une race d'argent, plus tard fut créée encore par les habitants de l'Olympe.

Les Travaux et les Jours, 109-129

II

HOMMES ET DIEUX
EN REPRÉSENTATION

Les tragédies grecques sont intégrées à des cérémonies religieuses en l'honneur du dieu Dionysos, lequel était le fils de Sémélè, elle-même fille de Cadmos, héros fondateur de Thèbes, et d'Harmonie, fille d'Aphrodite. Comme si le déséquilibre de la condition divine et de la condition humaine produisait en lui une irréductible instabilité, Dionysos est le dieu de la démesure, de l'errance et de la confrontation permanente avec l'altérité. De ce fait, au cœur de la tragédie grecque, il y a toutes les formes que peut prendre un triangle dont la base correspondrait aux relations des êtres humains entre eux et le sommet à l'immortalité des dieux. Chacun des trois grands tragiques grecs déclina ce thème à sa manière, de l'omniprésence de l'ordre divin chez Eschyle à l'intellectualisme d'Euripide, en passant par le jeu des personnages de Sophocle avec les limites inhérentes à leur condition. À Rome, la divinisation du pouvoir impérial, dans un contexte marqué par le stoïcisme, donna à la question de la relation de l'homme aux dieux dans le théâtre de Sénèque toute l'acuité d'un problème d'actualité.

La présence des divinités ne se limitait pas à la tragédie. « Toutes les bonnes choses rient », dit le Zarathoustra de Nietzsche. Il n'était pas interdit de rire des dieux, au moins tant que ceux-ci n'étaient pas empereurs, auquel cas, il valait mieux le plus souvent s'en abstenir. Le théâtre comique ne s'en est pas privé.

HOMÈRE
VIIIe s. av. J.-C.

VIRGILE
Ier s. av. J.-C.

CLAUDIEN
Ve s. ap. J.-C.

Eschyle

Alors que les tragédies se déroulaient généralement dans l'espace mythique, Eschyle évoque dans Les Perses *un épisode historique, la bataille navale de Salamine (480 av. J.-C.), désastre pour les Perses, triomphe pour les Grecs. La reine mère, à laquelle s'adresse le chœur, symbolise dans sa personne le passage du temps de la gloire à celui de la défaite. On notera qu'à la différence du Chœur, elle ne parle pas de son mari comme d'un dieu, se contentant d'affirmer qu'un dieu l'aura favorisé.*

FEMME ET MÈRE D'UN DIEU

Le Chœur. – Souveraine maîtresse des femmes de la Perse aux ceintures profondes, ô vieille mère de Xerxès, femme de Darios, salut ! Tu partageas le lit d'un dieu des Perses, et tu auras été mère d'un dieu aussi – si du moins son antique fortune[1] n'a pas aujourd'hui déserté notre peuple.

La reine. – C'est bien pourquoi j'ai quitté le palais tendu d'or et la chambre où longtemps j'ai dormi avec Darios : moi aussi, je sens le souci déchirer mon cœur, et c'est à vous que je veux tout dire, amis, à cette heure où je ne suis plus sans crainte pour moi-même. J'ai peur que, devenue trop grande, notre richesse ne renverse du pied et ne transforme en poudre sur le sol l'édifice de bonheur qu'un dieu sans doute aida Darios à élever. Aussi une angoisse indicible arrête ma pensée sur ce double péril : des trésors, sans homme pour les défendre, n'obtiennent de la foule hommage ni respect, tout comme un homme sans trésors ne peut briller de l'éclat que mériterait sa force. Or, si notre richesse est intacte,

---

1. Le texte grec parle ici de « démon ». On remarquera la complexité de la relation entre ce « démon » et la divinité des deux souverains évoqués.

en revanche, je crains pour vos yeux, car l'œil d'une maison, c'est, pour moi, la présence du maître. De cela, d'abord, persuadez-vous bien, puis conseillez-moi sur les faits que voici, Perses, vieux et fidèles soutiens : c'est de vous que j'attends tous conseils utiles.

Les Perses, 155-172

HOMÈRE
VIIIe s. av. J.-C.

VIRGILE
Ier s. av. J.-C.

CLAUDIEN
Ve s. ap. J.-C.

Eschyle

L'âme de Darius, le souverain défunt, est vénérée sous la forme d'un démon, autrement dit d'un être intermédiaire entre les dieux et les hommes. Contrairement au sens que ce mot a acquis dans la langue française, les démons pouvaient être bons ou mauvais.

LES PERSES AUSSI !

LA REINE. – Amis, quiconque a connu le malheur sait que, du jour où a passé sur eux une vague de maux, les hommes vont sans cesse s'effrayant de tout, tandis qu'au milieu d'un destin prospère ils croient que le destin qui leur porte bonheur soufflera toujours. Pour moi, aujourd'hui, tout est plein d'effroi : à mes yeux se révèle l'hostilité des dieux ; à mes oreilles monte une clameur mal faite pour guérir ma peine – si grande est l'épouvante qui terrifie mon cœur ! C'est pourquoi je reviens du palais ici, sans char, sans mon faste passé, afin d'apporter au père de mon fils les libations apaisantes aux morts que mon amour lui offre : le doux lait blanc d'une vache que le joug n'a point souillée, le miel brillant que distille la pilleuse de fleurs, joints à l'eau qui coule d'une source vierge ; et aussi cette pure et joyeuse liqueur, sortie d'une mère sauvage, d'une vigne antique ; ce fruit odorant de l'olivier blond, dont le feuillage vivace s'épanouit en toute saison ; et des fleurs en guirlandes, filles de la terre fertile. Allons, amis, sur ces libations offertes à nos morts, faites retentir vos hymnes : évoquez le démon de Darios, tandis que je dirigerai vers les dieux infernaux ces hommages que boira la terre.

LE CORYPHÉE. – Reine que vénèrent les Perses, adresse donc tes libations aux demeures souterraines : nos hymnes, à nous demanderont que ceux qui guident les morts nous soient cléments sous la terre. Allons, saintes divinités des enfers, Terre, Hermès, et toi, souverain des morts, faites remonter cette âme à la lumière. Si, mieux que nous, il sait le remède à nos maux, il peut, seul entre les hommes, nous révéler quand ils finiront.

Les Perses, 607-632

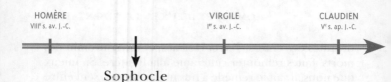

HOMÈRE
VIIIe s. av. J.-C.

VIRGILE
Ier s. av. J.-C.

CLAUDIEN
Ve s. ap. J.-C.

Sophocle

La tragédie Œdipe à Colone *fut jouée pour la première fois en 401 avant J.-C., elle raconte la mort d'Œdipe dans ce bourg attique. Chassé de Thèbes par ses fils, Œdipe reçoit l'hospitalité de Thésée, roi d'Athènes, et demande que son corps ne soit pas remis aux Thébains après sa mort.*

ŒDIPE S'EN VA

Voilà comment, tous trois, se tenant embrassés, ils sanglotaient et ils pleuraient. Ils étaient au bout de leurs plaintes, aucun cri ne s'élevait plus et le silence s'était fait, quand soudain une voix s'en vient fouetter Œdipe et sur le front de tous fait brusquement, d'effroi, se dresser les cheveux. Un dieu est là qui l'appelle et qui longuement insiste : « Holà ! holà ! pourquoi tarder, Œdipe, à nous mettre en route ? Voilà longtemps que tu nous fais attendre. » Œdipe alors comprend que l'appel vient d'un dieu et mande au roi Thésée de venir le rejoindre ; puis, lorsque celui-ci s'approche, il lui dit : « Ami que j'aime, pour mes enfants, accorde-moi la vieille foi que leur garantit là ta main – et vous de même, mes filles –, et promets-moi de ne jamais abandonner ces enfants de ton plein gré, mais au contraire de faire avec bonté tout ce que tu devras pour leur être utile. » Et Thésée, noblement, lui épargnant les plaintes, s'engage sous serment à satisfaire au vœu de l'étranger. Cela fait, Œdipe, sans retard, imposant ses mains aveugles à ses filles, leur dit : « Il vous faut maintenant, mes filles, rappeler la fierté dans vos cœurs et quitter ces lieux sans voir ni entendre les choses ou les mots qui vous sont interdits. Partez au plus tôt. Que Thésée toutefois demeure ; seul, il a qualité pour savoir ce qui se prépare. »

Œdipe à Colone, 1620-1644

La mort d'Œdipe a donné lieu à des interprétations diver-
gentes, selon que l'on y voie une apothéose ou une fin simplement
humaine. Le fait est que Sophocle semble avoir voulu maintenir
une ambiguïté sur la nature de cette mort.

DISPARITION MYSTÉRIEUSE

Mais, à quelque distance et au bout d'un instant, nous
nous retournons, et nous voyons que des deux hommes
l'un n'était plus là, et l'autre, notre roi, avait la main au
front, s'en ombrageant les yeux, comme en présence
d'un spectacle effroyable qui se fût révélé à lui et dont il
n'eût pu supporter la vue. Peu après cependant, et presque sans délai, nous l'apercevons qui adore à la fois dans
la même prière la Terre et l'Olympe divin. Mais de quelle
mort l'autre a-t-il péri ? nul ne serait capable de le dire,
sinon notre Thésée. Qui l'a fait disparaître ? Ce n'est
pas un éclair enflammé du ciel, ni une rafale montée
de la mer à ce moment-là. C'est bien plutôt un envoyé
des dieux ; à moins que ce ne soit l'assise ténébreuse de
la terre des morts qui ait eu la bonté de s'ouvrir devant
lui. Il n'est pas parti escorté de plaintes, ni dans les souffrances de la maladie, mais en plein miracle, s'il en fut
jamais de tel pour un homme. Et si l'on me croit privé de
raison, je ne saurais, moi, prêter la raison à ceux-là qui
me la refusent.

Œdipe à Colone, 1646-1666

Dans Les Trachiniennes, *Héraclès meurt d'avoir revêtu
la tunique du centaure Nessos que lui avait envoyée son épouse
jalouse, Déjanire. Son fils Hyllos juge les dieux avec sévérité,
expression sur scène d'une réflexion sur la nature des dieux à
laquelle participèrent philosophes, sophistes et artistes.*

LES DIEUX, PARENTS INGRATS

HÉRACLÈS. – Va donc, ne provoque pas, en tardant,
le retour du mal. Endurcis-toi, mon cœur, et, mettant
à ma bouche le bon crampon de fer qu'on scelle dans
le marbre, arrête là tous cris, en songeant que tu vas
accomplir avec joie un acte qu'on n'achève jamais qu'à
contrecœur.

HYLLOS. – Emportez-le donc, camarades ; et à moi
accordez une immense indulgence, en constatant l'immense indifférence dont témoigne ici chez les dieux
ce qui s'accomplit à cette heure. Ils ont engendré des
enfants, ils en sont dits partout les pères, et ils les voient
souffrir ainsi ! Si l'avenir pour l'instant nous échappe, le
présent en tout cas n'offre que pleurs pour nous et que
honte pour eux. Il n'offre surtout que souffrances, souffrances cruelles entre toutes, pour celui qui subit une
telle disgrâce.

*Le cortège funèbre s'éloigne lentement. Le coryphée se tourne
vers le chœur.*

LE CORYPHÉE. – Toi, non plus, jeune fille, ne reste pas
là, loin de ta maison. Tu as vu des morts étranges, terribles, et des infortunes multiples, inouïes, et, dans tout
cela, rien où ne soit Zeus !

Les Trachiniennes, 1259-1278

HOMÈRE
VIIIᵉ s. av. J.-C.

VIRGILE
Iᵉʳ s. av. J.-C.

CLAUDIEN
Vᵉ s. ap. J.-C.

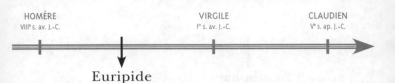

Euripide

Admète avait reçu d'Apollon l'immortalité, à condition de se trouver un remplaçant à chaque fois que viendrait l'heure de sa mort. Seule son épouse, Alceste, accepta de mourir à sa place. C'est ce sacrifice que le Chœur rappelle ici à Admète.

UNE ÉPOUSE ADMIRABLE

Elle est la seule déesse dont on ne puisse approcher les autels ni les idoles, elle est sourde aux sacrifices[1]. Puisses-tu, ô Vénérable, ne pas peser sur ma vie plus lourdement que par le passé ! Car ce que Zeus décida d'un signe, c'est avec toi qu'il l'achève. Même le fer des Chalybes[2] ploie devant ta force, et ton vouloir abrupt ne connaît point de pudeur.

Toi aussi, dans les liens inévitables de ses mains, la déesse t'a saisi. Résigne-toi pourtant, car jamais tes larmes ne ressusciteront les trépassés. Les dieux mêmes voient leurs fils s'évanouir dans les ténèbres de la mort. Chère quand elle était parmi nous, chère elle reste dans la mort : c'est la plus généreuse de toutes les épouses que tu avais associée à ta couche.

Qu'il ne soit pas non plus compté comme le tertre des trépassés, le tombeau de ton épouse, mais honoré à l'égal des dieux, objet du culte des passants ! En s'écartant de sa route, on dira : « Celle-ci jadis mourut pour son mari ; aujourd'hui elle est divinité bienheureuse. Salut, ô Vénérable, sois-nous propice ! » Telles sont les paroles qui la salueront.

Alceste, 984-1005

1. Il s'agit d'Ananké, la nécessité personnifiée.
2. Les Chalybes, peuple d'Arménie supérieure, étaient des forgerons réputés.

HOMÈRE
VIIIe s. av. J.-C.

VIRGILE
Ier s. av. J.-C.

CLAUDIEN
Ve s. ap. J.-C.

Aristophane

Aristophane saisit dans ce passage des Oiseaux *l'occasion de combiner la satire politique avec l'allusion à un personnage peu recommandable : Oreste, homonyme du héros mythologique, qu'il qualifie de « héros » et de « revenant » et qui détroussait les passants le soir. La confusion entre le monde de la tragédie et celui de la réalité quotidienne la plus sordide produit nécessairement un effet comique.*

DRÔLE DE HÉROS

Que de nouveautés et de merveilles nous avons visitées en volant ! Nous avons vu des choses étonnantes. Ainsi, il est un arbre d'une nature étrange, assez loin de Cardia : Cléonymos, bon à rien, au demeurant lâche et grand. Au printemps toujours il bourgeonne et produit des délations ; l'hiver, il jonche la terre de ses... boucliers.

Il est, d'autre part, un pays, tout contre la région ténébreuse, au loin, en l'absence complète de lampes, où des hommes déjeunent et fraient avec les héros, excepté le soir.

À cette heure-là, il n'était plus sans risque de se trouver avec eux. Car celui des mortels qui rencontrait, la nuit, le héros-revenant Oreste, était par lui détroussé et paralysé de tout le côté droit.

Les Oiseaux, 1470-1493

La divinisation satirique des nuées correspond chez Aristophane à celle de tous les personnages (philosophes, sophistes) qu'il considère comme des charlatans. Le ciel, loin d'être le lieu de résidence d'êtres supérieurs, apparaît ainsi comme l'espace de l'inconsistance et de l'inconséquence.

DES DIVINITÉS DANS LES NUAGES

STRÉPSIADE. – Au nom de Zeus, je t'en supplie, dis-moi, Socrate, quelles sont ces femmes qui ont fait entendre ce chant solennel ? Seraient-ce des revenantes ?

SOCRATE. – Nullement ; ce sont les célestes Nuées, grandes déesses pour les oisifs : elles nous dispensent savoir, dialectique, entendement, langage prestigieux et verbeux, l'art de frapper et d'empaumer.

STRÉPSIADE. – Voilà donc pourquoi, après avoir entendu leur voix, mon âme a pris son vol et aspire déjà à subtiliser, à bavarder sur de la fumée, à riposter à une sentence par une sentence plus fine, à opposer argument à argument. Aussi, s'il se peut, désiré-je les voir enfin clairement.

Les Nuées, 314-322

HOMÈRE
VIIIe s. av. J.-C.

VIRGILE
Ier s. av. J.-C.

CLAUDIEN
Ve s. ap. J.-C.

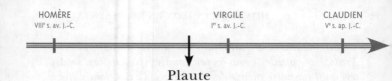

Plaute

Le plus grand des dieux revêt une apparence parfaitement humaine pour séduire Alcmène, femme d'Amphytrion. Ou comment la mythologie prend parfois des allures de vaudeville avant la lettre.

LE DIEU ET SON DOUBLE

Parfait ; c'est parler en femme qui sait son devoir. (*Alcmène rentre dans la maison.*) En voici déjà deux de dupés, la maîtresse et l'esclave. Ils me prennent pour Amphitryon : l'erreur est de taille. Toi maintenant, divin Sosie, assiste-moi. Tu m'entends, bien que tu ne sois pas présent à mes côtés. Amphitryon va arriver, arrange-toi pour le chasser de chez lui ; invente n'importe quoi. Je veux qu'on le mystifie, tandis que je prendrai mon plaisir avec mon épouse d'emprunt. Tu comprends ce que je veux ? Tâche alors d'arranger tout cela au mieux, et prête-moi ton office pendant le sacrifice que je m'offrirai à moi-même. (*Il rentre dans la maison.*)

Amphytrion, 973-996

III

FIGURES POÉTIQUES
DE LA DIVINISATION

Chaque genre poétique a construit ses modalités de traitement de la relation des hommes avec leurs dieux. Figure reine commune à tous les genres, la métaphore, ce « délit littéral », permet de côtoyer, voire de franchir avec jubilation, les frontières parfois incertaines séparant les dieux et les humains. Lorsque le monde hellénistique d'abord, l'Empire romain ensuite s'engagent toujours plus avant dans la divinisation du souverain, le poète se fait chroniqueur de l'ouverture de ces frontières, astronome d'une transcendance qui accueille parmi les étoiles les âmes des rois ou des empereurs, prophète des apothéoses à venir. De Pindare à Théocrite ou à Virgile, le thème de la divinisation s'amplifie, se structure, devient une sorte de récitatif obligé dans lequel convergent le mythe et l'histoire, la politique et la théologie.

HOMÈRE
VIIIᵉ s. av. J.-C.

VIRGILE
Iᵉʳ s. av. J.-C.

CLAUDIEN
Vᵉ s. ap. J.-C.

Pindare

Pour Pindare, l'athlétisme permet à un individu de s'élever au-dessus de la masse des humains et d'acquérir une gloire incomparable. Le film Les Dieux du stade, *œuvre au titre révélateur de la cinéaste nazie Leni Riefenstahl, atteste la permanence de cet idéal par-delà les siècles, quitte à ce qu'il soit dévoyé.*

UN HÉROS SPORTIF

Tous les accès ouverts à la gloire, dans les jeux de son pays, il les a tentés. La divinité aujourd'hui prend à cœur d'assurer sa puissance. Puissiez-vous, à l'avenir aussi, bienheureux enfants de Cronos, favoriser également ses actions et ses desseins, sans que le souffle de l'hiver, qui ruine les fruits de l'automne, vienne jamais flétrir sa vie. L'esprit souverain de Zeus gouverne le destin des hommes qui lui sont chers. Je fais le vœu qu'à Olympie il accorde à la race de Battos la même couronne.

Pythiques, V, 116-125

HOMÈRE
VIIIe s. av. J.-C.

VIRGILE
Ier s. av. J.-C.

CLAUDIEN
Ve s. ap. J.-C.

Apollonios de Rhodes

Dans les Argonautiques *d'Apollonios de Rhodes, qui vécut
au* IIIe *siècle avant J.-C. à Alexandrie, les dieux de l'Olympe
jouent un rôle moins important que dans l'épopée homérique.
En revanche, les cultes locaux, rendus souvent à des héros, y
sont très fréquemment évoqués.*

HÉROÏSATION D'IDMON

Ils ne pouvaient dès lors songer à naviguer et, pour
mener le deuil du mort, ils demeuraient sur place, attris-
tés. Trois jours entiers, ils se lamentaient ; le jour suivant,
enfin, ils lui faisaient des funérailles magnifiques ; à ces
honneurs funèbres prenaient part tout le peuple et le
roi Lycos en personne. Près de lui, ils égorgèrent d'innombrables moutons, comme on le doit aux disparus,
en sacrifice funéraire. Aujourd'hui encore, le tertre
élevé en l'honneur de ce héros subsiste dans le pays ;
un signal le surmonte, toujours visible pour la postérité :
c'est un rouleau de navire, en olivier sauvage, couvert
d'une abondante frondaison, qui se trouve un peu en
deçà du cap de l'Achéron. Et, s'il me faut, guidé par les
Muses, chanter encore ceci sans détour, Phœbos prescri-
vit aux Béotiens et aux Nisaiens de donner à ce héros
dans leurs invocations le titre de protecteur de leur cité
et, autour de cet antique rouleau d'olivier sauvage, d'établir leur ville ; mais, à la place du pieux Éolide Idmon,
c'est Agamestor qu'ils vénèrent aujourd'hui encore.

Quel est donc l'autre qui mourut aussi ? Car, une nouvelle fois, les héros élevèrent alors la tombe d'un compa-
gnon disparu : on voit encore en effet deux monuments
consacrés aux hommes de ce temps. C'est, dit-on, l'Ha-
gniade Tiphys qui mourut ; son destin n'était pas de naviguer plus avant. Lui aussi, après une courte maladie, il
s'endormit ici loin de sa patrie, le jour où tous, ensemble,

rendirent les honneurs funèbres au cadavre de l'Aban-
tiade. Ils ne purent supporter, après leur funeste malheur, ce coup qui les frappait. En effet, quand ils eurent
enseveli sans tarder celui-ci à son tour, désemparés, ils se
laissèrent tomber sur place, face à la mer ; roulés dans
leurs manteaux, prostrés, ils ne songeaient ni à manger
ni à boire ; leur cœur était abattu par la douleur, car tout
espoir pour leur expédition s'était enfui bien loin. Leur
chagrin les aurait arrêtés plus longtemps encore si Héra
n'avait pas inspiré à Ancaios une grande audace, lui que,
près des eaux imbrasiennes, Astypalaia avait enfanté à
Poséidon – il excellait en effet en tout point dans l'art de
piloter. Courant vers Pélée, il lui dit :

« Aiacide, n'est-ce pas honteux de négliger nos travaux pour nous attarder si longtemps en terre étrangère ? Ce n'est pas tant, comme habile guerrier que Jason
m'emmène vers la toison, loin de Parthénia, que comme
pilote expert. N'aie donc pas la moindre crainte pour le
navire. D'ailleurs il y a ici d'autres bons navigateurs. Quel
que soit celui d'entre eux que nous ferons monter à la
poupe, aucun ne compromettra la navigation. Allons,
vite, dis-leur tout cela pour leur rendre courage et incite-
les à se ressouvenir hardiment des travaux.»

Argonautiques, II, 835- 877

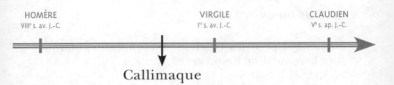

HOMÈRE
VIIIᵉ s. av. J.-C.

VIRGILE
Iᵉʳ s. av. J.-C.

CLAUDIEN
Vᵉ s. ap. J.-C.

Callimaque

Dans son Hymne à Délos *le poète hellénistique Callimaque, le plus représentatif de la poésie alexandrine, prend prétexte de l'évocation de Létô, mère d'Apollon et d'Artémis, qui était particulièrement vénérée dans cette île, pour rendre hommage à Ptolémée Philadelphe, roi d'Égypte.*

PROPHÉTIE *IN UTERO*

Déjà elle abordait l'antique Cos[1], l'île de Mérops, la demeure sacrée de l'héroïne Chalciopé, quand la voix de l'enfant l'arrêta : « Ô ma mère, non, ce n'est pas ici que tu dois m'enfanter. Je n'ai blâmé ni volonté mauvaise pour cette île, autant que nulle autre grasse et riche en pâtures. Mais les Moires réservent pour elle un autre dieu, race très haute des Rois Sauveurs ; sous son diadème se rangeront de plein gré, soumis au chef macédonien, et les deux continents et les terres qui bordent la mer, jusque-là où est le couchant, jusque-là d'où s'élève le char rapide du Soleil : il aura les vertus paternelles. Et un jour viendra pour nous d'une lutte commune, un jour où, de l'extrême Occident les derniers des Titans, levant contre l'Hellade l'épée barbare et l'Arès celte, se précipiteront, tels les flocons de la neige, aussi nombreux que les constellations qui parsèment la prairie céleste, un jour où ils empliront de leur foule les lieux forts [lacune] et la plaine de Crissa et les terres [lacune] ; ce jour, ils verront la grasse fumée sur les autels du dieu voisin, et ce ne sera plus ouï-dire, et déjà, près de mon temple, on apercevra les phalanges ennemies, déjà près de mes trépieds, les glaives et les ceinturons, armure d'impudence, et les boucliers

---

1. Ptolémée naquit à Cos en 309 av. J.-C.

odieux qui pour les Galates[2], race en délire, marque-
ront la route d'un destin cruel. »

Hymne à Délos, 160-184

---

2. En 277 av. J.-C. la Grèce fut envahie par les Gaulois qui passèrent
ensuite en Égypte comme mercenaires.

HOMÈRE
VIIIᵉ s. av. J.-C.

VIRGILE
Iᵉʳ s. av. J.-C.

CLAUDIEN
Vᵉ s. ap. J.-C.

Théocrite

Le même Ptolémée Philadelphe fut chanté et quasiment divi-nisé par un autre poète alexandrin, Théocrite, dans ce passage bien différent de l'inspiration bucolique à laquelle son nom est généralement lié.

ÉLOGE DE PTOLÉMÉE PHILADELPHE

Seul, des hommes qui vécurent jusqu'ici et de ceux qui maintenant encore impriment à la surface de la poussière qu'ils foulent les traces chaudes de leurs pas, Ptolémée a élevé à sa mère bien aimée et à son père des temples que l'encens parfume ; dans ces temples, il leur a dressé de splendides statues en or et en ivoire, secoura-bles à tous ceux qui vivent sur la terre ; et, quand la révo-lution des mois en[1] ramène l'époque, il brûle sur leurs autels rougis de sang les cuisses de beaucoup de bœufs engraissés – lui et sa noble épouse, la meilleure des fem-mes qui, dans la chambre conjugale, enlacent de leurs bras un jeune époux ; elle chérit du fond de son cœur celui qui est son frère et son mari ; c'est ainsi que, chez les Immortels, s'est accompli le saint mariage des enfants de la puissante Rhéa, souverains de l'Olympe, Zeus et Héra, à qui Iris encore vierge, de ses mains lavées dans les parfums, prépare pour y dormir un seul et même lit.

Salut, roi Ptolémée. Je te célébrerai à l'égal des autres demi-dieux ; et les paroles que je ferai entendre ne seront pas, je pense, dédaignées de la postérité. Quant aux titres de gloire, Zeus te les donnera !

Éloge de Ptolémée, 121-137

1. Il s'agit des fêtes commémoratives en l'honneur des parents de Ptolémée.

HOMÈRE
VIIIe s. av. J.-C.

VIRGILE
Ier s. av. J.-C.

CLAUDIEN
Ve s. ap. J.-C.

Catulle

Le catastérisme, autrement dit la transformation en astre, concerne dans cette adaptation latine du poète Callimaque une boucle de la chevelure de Bérénice, reine d'Égypte, qui avait promis d'en faire offrande si son mari revenait vainqueur de la guerre.

BOUCLE STELLAIRE

C'était elle, la maîtresse du Zéphyr, qui avait chargé son serviteur de cette mission, elle-même, la déesse grecque habitante des rivages de Canope. Alors elle décida qu'on ne verrait plus seulement, fixée au milieu des flambeaux épars dans le ciel divin, la couronne d'or détachée du front d'Ariane, mais que j'y brillerais aussi, dépouille sacrée d'une tête blonde ; et quand j'arrivai, toute baignée de larmes, au séjour des dieux, la déesse fit de moi un astre nouveau, qui prit place parmi les anciens ; touchant aux feux de la Vierge et du Lion féroce, voisine de Callisto, la fille de Lycaon, j'incline vers le couchant, guidant le Bouvier paresseux, qui se plonge lentement et avec peine dans les profondeurs de l'Océan. Mais quoique, pendant la nuit, les dieux me foulent de leurs pas et que la lumière du jour me rende à la blanche Téthys (permets-moi cet aveu, ô vierge de Rhamnonte ; car aucune crainte ne me forcera à cacher la vérité et, même si les astres devaient me déchirer dans leurs discours hostiles, ils ne m'empêcheront point de dévoiler avec sincérité le fond de mon cœur), j'éprouve moins de joie de ma fortune présente que de tourment à la pensée que je serai toujours séparée, oui, séparée du front de ma maîtresse, avec qui, privée de tous les parfums au temps où elle était jeune fille, j'en ai bu à la fois tant de milliers.

Poésies, LXVI, 56-78

HOMÈRE
VIIIe s. av. J.-C.

VIRGILE
Ier s. av. J.-C.

CLAUDIEN
Ve s. ap. J.-C.

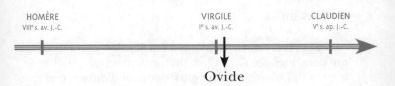

Ovide

Phaéthon désirait ardemment guider le char du Soleil, son père. Symbole célèbre de l'outrecuidance des hommes qui voulaient se substituer aux dieux, il eut à en subir les conséquences, particulièrement dramatiques.

JOUER AU DIEU, JOUER AVEC LE FEU

Là s'arrêtèrent les avis du dieu ; cependant, rebelle à ce discours, le jeune homme persiste dans son projet et brûle du désir de monter sur le char. Alors son père, après avoir tardé autant qu'il le pouvait, le conduit vers le char élevé, présent de Vulcain. L'essieu était d'or, d'or aussi le timon, d'or les cercles qui entouraient les roues et d'argent toute la série des rayons ; sur le joug des chrysolithes[1] et des pierreries régulièrement disposées renvoyaient à Phébus le reflet de sa lumière. Tandis que l'ambitieux Phaéthon admire tous les détails de cet ouvrage, voici que du côté de l'orient qui s'éclaire la vigilante Aurore a ouvert sa porte empourprée et son *atrium* tout plein de la couleur des roses ; les étoiles fuient ; Lucifer rassemble leur troupe et descend le dernier de la garde du ciel. Quand le Titan a vu cet astre gagner la terre, le ciel rougir et les extrémités du croissant de la lune s'évanouir, il ordonne aux Heures rapides d'atteler ses chevaux. Les déesses exécutent promptement ses ordres ; des crèches célestes elles amènent les coursiers vomissant du feu, repus du suc de l'ambroisie, et ajustent les freins sonores. Alors le dieu répand sur le visage de son fils une essence divine qui doit lui permettre de défier la flamme dévorante ; il couronne de rayons la chevelure du jeune homme ; puis, exhalant de sa poitrine inquiète des soupirs qui présagent son deuil, il lui dit :

1. Ce sont vraisemblablement de topazes.

« Si tu peux obéir au moins à ces derniers conseils de ton père, ménage l'aiguillon, mon enfant, et use plus fortement des rênes ; mes chevaux galopent d'eux-mêmes ; la difficulté est de contenir leur ardeur. »

Les Métamorphoses, II, 103-128

Comme tant d'autres personnages des Métamorphoses *d'Ovide, Phaéthon ne comprit que trop tard les conséquences de sa démesure. Jupiter dut le foudroyer pour mettre fin à sa course folle. Les larmes de ses sœurs inconsolées deviendront des graines d'ambre.*

REGRETS ÉTERNELS

Quand le malheureux Phaéthon, du haut de l'éther, jeta ses regards sur la terre qui s'étendait si bas, si bas au-dessous de lui, il pâlit ; une terreur subite fit trembler ses genoux, et les ténèbres, au milieu d'une si grande lumière, couvrirent ses yeux ; maintenant il aimerait mieux n'avoir jamais touché aux chevaux de son père ; maintenant il regrette de connaître son origine et d'avoir vaincu par ses prières ; maintenant il voudrait bien être appelé le fils de Mérops ; il est emporté comme un vaisseau poussé par le souffle impétueux de Borée, à qui son pilote a lâché la bride impuissante, l'abandonnant aux dieux et aux prières. Que pourrait-il faire ? Derrière lui il a déjà laissé un vaste espace du ciel ; devant ses yeux un autre s'étend, plus vaste encore ; sa pensée les mesure tous les deux ; tantôt il regarde au loin le couchant, que le destin lui interdit d'atteindre, tantôt il regarde en arrière du côté du levant ; ne sachant à quoi se résoudre, il demeure stupide ; il ne peut ni relâcher ni serrer les rênes ; il ne connaît pas les noms des chevaux. Mille prodiges épars çà et là, dans les diverses régions du ciel et des figures d'animaux monstrueux qui s'offrent à sa vue le font trembler d'effroi.

Les Métamorphoses, II, 178-194

Le mythe et l'histoire sont présents dans cette apothéose d'Hercule racontée par Ovide, qui annonce la divinisation de César.

JUPITER DÉCIDE L'APOTHÉOSE D'HERCULE

Jupiter, fils de Saturne, qui s'en est aperçu, leur adresse ces paroles d'un ton joyeux : « Votre crainte est pour moi un plaisir, ô habitants des cieux ; je me félicite, je m'applaudis de tout mon cœur d'être appelé le souverain et le père d'un peuple reconnaissant et de voir que vous aussi vous protégez mon fils par votre faveur. Quoiqu'il le doive à ses prodigieux exploits, je ne vous en suis pas moins obligé. Mais chassez de vos cœurs fidèles ces vaines alarmes et ne vous inquiétez pas des flammes allumées sur l'Oeta. Celui qui a tout vaincu saura vaincre ces feux que vous voyez ; il ne sentira la puissance de Vulcain que dans la partie de son être qui lui vient de sa mère ; ce qu'il tient de moi est éternel, exempt et affranchi de la mort, à l'abri des atteintes de la flamme ; maintenant que cet élément a achevé son temps sur la terre, je vais le recevoir dans le céleste séjour ; je me flatte que tous les dieux se réjouiront de ce que j'aurai accompli ; cependant, si par hasard il est quelqu'un parmi vous, s'il est quelqu'un qui déplore de voir Hercule devenir un dieu, celui-là regrettera qu'une si grande récompense soit attribuée à mon fils, mais reconnaîtra qu'il l'a méritée et m'approuvera malgré soi. » Les dieux applaudirent à ce discours ; elle-même la reine des cieux, l'épouse de Jupiter, parut en entendre la plus grande partie sans dépit, mais le dépit se peignit sur ses traits aux derniers mots, et on la vit s'affecter de l'allusion qui la désignait. Cependant Mulciber[2] a emporté tout ce que la flamme pouvait détruire ; rien n'est plus reconnaissable dans ce qui reste d'Hercule ; il n'a plus rien de ce qui rappelait

---

2. Mulciber est une des appellations du dieu Vulcain.

sa mère et ne conserve que ce qui porte l'empreinte de Jupiter. Comme on voit un serpent rajeuni, lorsque avec sa peau il a dépouillé sa vieillesse, déployer sa vigueur et briller de tout l'éclat de ses écailles neuves, ainsi le héros de Tirynthe, dégagé de son enveloppe mortelle, reprend vie dans la meilleure partie de lui-même ; il reparaît plus grand et revêtu d'une majesté auguste qui impose le respect. Le père tout-puissant l'enlève dans les flancs d'un nuage, sur un char attelé de quatre chevaux et l'introduit au milieu des astres rayonnants.

Les Métamorphoses, IX, 243-271

La divinisation d'Énée, décrite ici avec le sourire si caractéristique de la poésie d'Ovide avant l'exil, annonce évidemment celle de son descendant, César.

PÈRE, MÈRE ET FILS

Maintenant la valeur d'Énée avait forcé tous les dieux et Junon elle-même à oublier leurs anciens ressentiments ; le pouvoir d'Iule grandissant reposait sur un fondement solide, et le héros fils de Cythérée était mûr pour le ciel. Vénus avait sollicité les suffrages des dieux ; entourant de ses bras le cou de son père : « Ô mon père, dit-elle, toi qui ne m'as jamais été sévère, donne-moi aujourd'hui, je t'en conjure, une marque suprême de ta bonté ; accorde à mon cher Énée, qui, formé de mon sang, reconnaît en toi son aïeul, accorde-lui, ô le meilleur des pères, un rang parmi les Immortels, un rang aussi modeste que tu voudras, pourvu qu'il en ait un ; c'est assez pour lui d'avoir vu une fois le triste royaume, d'avoir traversé une fois les eaux du Styx. » Les dieux approuvent ce langage ; l'épouse de leur souverain elle-même ne garda pas un visage impassible ; d'un air bienveillant elle fit signe qu'elle consentait. Alors leur père à tous : « Vous êtes dignes l'un et l'autre, dit-il, de cette faveur céleste, toi

qui la demandes et le héros pour qui elle m'est deman-
dée ; reçois, ma fille, ce que tu souhaites. » Il avait dit ;
Vénus, joyeuse, rend grâces à son père ; elle fend les airs
légers sur son char attelé de colombes et descend sur le
rivage de Laurente, où, caché sous les roseaux, le fleuve
du Numicius conduit ses eaux en serpentant à la mer
voisine. Elle lui ordonne de laver tout ce qui chez Énée
est soumis à la mort et d'emporter cette dépouille vers le
large dans son cours silencieux ; le fleuve au front armé
de cornes exécute les ordres de Vénus ; il délivre Énée,
sous les eaux dont il l'arrose, de tout ce qu'il y avait en
lui de mortel ; il ne lui laisse que la meilleure partie de
lui-même. La mère du héros répand sur son corps puri-
fié un parfum divin ; elle lui touche les lèvres avec un
mélange d'ambroisie et de nectar délectable, elle fait de
lui ce dieu que le peuple de Quirinus appelle Indigète et
à qui il a élevé un temple et des autels.

Les Métamorphoses, XIV, 581-608

HOMÈRE
VIIIe s. av. J.-C.

VIRGILE
Ier s. av. J.-C.

CLAUDIEN
Ve s. ap. J.-C.

Virgile

Iule, fils d'Énée et vaillant guerrier, reçoit d'Apollon la promesse d'une divinisation liée tout autant à sa valeur personnelle qu'à sa lignée. Ce texte contient le fameux « sic itur ad astra » : c'est ainsi qu'on va jusqu'aux astres.

BON SANG NE PEUT MENTIR

Du haut des plaines de l'éther, Apollon aux beaux cheveux voyait alors les armées de l'Ausonie et la ville, assis sur un nuage ; il s'adresse ainsi à Iule vainqueur : « Honneur à cette neuve vertu, enfant, c'est ainsi qu'on va jusqu'aux astres, fils de dieux et qui seras près de dieux. À juste titre, toutes les guerres, sous la race d'Assaracus, au cours des temps trouveront terme, par ordre du destin ; Troie ne te contient plus. »

Énéide, IX, 638-644

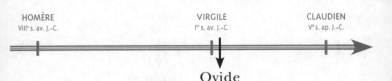

HOMÈRE
VIIIᵉ s. av. J.-C.

VIRGILE
Iᵉʳ s. av. J.-C.

CLAUDIEN
Vᵉ s. ap. J.-C.

Ovide

Portrait inattendu de Déjanire en desperate housewife, *dans cette* Héroïde, *autrement dit une lettre de passion adressée à un être absent. Ce recueil épistolaire fictif fut, pour l'essentiel, écrit par Ovide autour de 15 avant J.-C.*

FEMME DE DEMI-DIEU, QUEL TOURMENT !

Cependant, on me dit glorieusement mariée parce qu'on me nomme l'épouse d'Hercule et que mon beau-père est celui qui tonne, dressé sur ses chevaux rapides. Aussi mal que conviennent à la charrue des bouvillons mal appariés, autant une épouse inférieure est écrasée par un grand nom. Mon mari est un perpétuel absent ; il m'est plus connu comme hôte que comme époux ; il poursuit des monstres et des fauves terribles. Et moi, veuve au logis, je forme de pudiques vœux et je tremble que ce mari ne tombe sous les coups d'un adversaire. Mon esprit s'agite parmi des serpents, des sangliers, des lions avides et des chiens à triple gueule dévorante. Les entrailles des victimes, les vains fantômes du sommeil et les présages qu'on demande au mystère de la nuit me bouleversent. J'épie, malheureuse, les rumeurs incertaines de la renommée ; j'hésite ; la crainte cède à l'espoir et l'espoir à la crainte. Ta mère est absente ; elle déplore d'avoir plu à un puissant dieu ; ni ton père Amphitryon, ni notre fils Hyllus ne sont là. Je sens peser sur moi Eurysthée, mandataire des injustes ressentiments de Junon, et la longue colère de la déesse.

Héroïdes, IX, 27-46

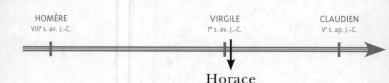

HOMÈRE
VIIIe s. av. J.-C.

VIRGILE
Ier s. av. J.-C.

CLAUDIEN
Ve s. ap. J.-C.

Horace

Horace est souvent considéré comme un poète épicurien. Cependant, dans cette ode, il associe l'idée stoïcienne de la perfection du sage, dont Hercule est l'image symbolique, et celle de la divinisation d'Auguste.

SURTOUT RESTER CALME !

L'homme juste et ferme en sa résolution, ni la furie des citoyens ordonnant le mal, ni le visage d'un tyran qui menace n'ébranlent et n'entament son esprit, non plus que l'Auster,

chef turbulent de l'orageuse Adriatique, non plus que la grande main de Jupiter foudroyant : que le monde se rompe et s'écroule, ses débris le frapperont sans l'effrayer.

Par une pareille valeur, Pollux et l'errant Hercule ont gravi jusqu'au faîte les hauteurs de l'Empyrée, et entre eux Auguste sera couché, buvant, de ses lèvres pourprées, le nectar.

Odes, III, 3, 1-12

IV

GÉOGRAPHIE DU SACRÉ

L'impression d'artifice que peuvent produire certaines formes poétiques de la divinisation, le soupçon quant à la sincérité des poètes ne doivent pas nous faire oublier que le grand livre des paysages, ruraux ou urbains, ne cessait de raconter, lui aussi, par ses sanctuaires, par les légendes que transmettaient ses habitants, l'histoire des apparitions divines et celle des hommes qui, par leurs exploits, avaient mérité le statut de héros et le culte de la postérité. Peu importe que les géographes aient été parfois sceptiques, car la présence de ces lieux de croyance maillant les territoires constituait une autre forme de langage, portant elle aussi témoignage de l'aspiration des hommes à sortir de leur condition : « Ils allèrent fort loin dans cette voie, ces superbes enfants terribles au cœur de lion ; et même l'autorité d'un Zeus homérique leur donne parfois à entendre qu'ils vont trop loin », écrit celui-là même qui proclama la mort de Dieu.

HOMÈRE
VIIIᵉ s. av. J.-C.

VIRGILE
Iᵉʳ s. av. J.-C.

CLAUDIEN
Vᵉ s. ap. J.-C.

Strabon

Évoquant les fondations attribuées au héros mythique Diomède, considéré comme le plus brave après Achille et Ajax au siège de Troie, le géographe Strabon s'intéresse à la région de Daunie, au nord de l'Apulie, qui correspond actuellement aux Pouilles.

TOUJOURS DES HÉROS

La ville de Sipus, distante de Salapia d'environ 140 stades, est également une fondation de Diomède. Elle portait autrefois le nom grec de Sépios, du fait des seiches que les vagues rejettent à cet endroit. Entre Salapia et Sipus passe une rivière navigable terminée par une grande lagune d'embouchure, l'une et l'autre utilisées pour le transport des marchandises exportées de Sipus, en particulier celui du blé. On montre encore dans cette région de Daunie, sur une colline connue sous le nom de Drion, deux sanctuaires de héros. L'un des deux, situé tout au sommet, est voué à Calchas. On y prend l'oracle en sacrifiant au héros un bélier noir et en dormant ensuite dans sa peau. L'autre, celui de Podalire, est situé tout en bas, au pied de la colline, à 100 stades environ de la mer. Il s'en échappe un ruisseau dont l'eau guérit toutes les maladies du jeune bétail.

Géographie, VI, 3, 9

Les différentes versions de la mort du héros Diomède montrent comment l'analyse critique des traditions permet au géographe d'articuler le mythe et le souci scientifique.

QU'EST DEVENU DIOMÈDE ?

Faisant saillie sur la mer devant le golfe, le promontoire du Gargnano s'avance de 300 stades en direction de l'est. Sitôt qu'on l'a doublé, on rencontre la petite ville d'Urium, tandis que les Iles de Diomède[1] surgissent exactement devant sa pointe. Ce pays produit de tout en très grandes quantités. De plus, l'élevage des chevaux et des moutons y donne de très beaux résultats. La laine qu'on y file est plus douce que celle de Tarente, mais moins lustrée. Du fait que les plaines sont en cuvette, les terres se trouvent à l'abri des vents. Certains auteurs prétendent encore que Diomède avait entrepris de les relier par un canal à la mer, mais qu'il dut abandonner ce travail, comme d'autres entreprises, alors qu'il n'était qu'à moitié achevé, parce qu'il était rappelé dans sa patrie, où il devait être surpris par la mort. Telle est l'une des versions relatives à la mort de Diomède. Une deuxième prétend qu'il serait resté en Daunie jusqu'à la fin de sa vie. La troisième est ce récit fabuleux, que j'ai déjà évoqué, de sa disparition dans l'île. On peut enfin compter comme une quatrième version celle des Hénètes, qui racontent qu'il trouva chez eux cette sorte particulière de fin qu'on appelle apothéose.

Géographie, VI, 3, 9

1. Ces îles se trouvent sur la côte nord de l'ergot apulien.

Pausanias

Pour Pausanias, l'espace n'est pas nécessairement celui d'un territoire. La description d'un tableau est pour lui ici l'occasion d'associer histoire, mythe et géographie.

UNE PEINTURE PARLANTE

À l'extrémité de la peinture, il y a les combattants de Marathon. Les Béotiens de Platées et toute l'armée attique en viennent aux mains avec les Barbares. Et certes, d'un côté, de part et d'autre, on est également engagé dans l'action ; mais, au centre du combat, les Barbares fuient et se bousculent pour gagner le marais. À l'extrémité du tableau, il y a les navires phéniciens, et les Barbares s'y précipitent poursuivis par les Grecs, qui les massacrent. C'est là aussi que se trouvent figurés le héros Marathon, qui a donné son nom à la plaine, Thésée, représenté comme un homme sortant de terre, Athéna et Héraclès. À ce que disent en effet les gens de Marathon, ce furent eux, les premiers, qui considérèrent Héraclès comme un dieu. Les combattants qui sont particulièrement en vedette sur le tableau sont Callimachos, que les Athéniens avaient élu polémarque, Miltiade, parmi les stratèges en fonction, et le héros appelé Échétlos, dont je ferai mention par la suite. Il y a aussi en ce lieu des boucliers de bronze ; certains ont une inscription montrant qu'ils ont été pris aux gens de Scioné et à leurs alliés ; les autres sont enduits de poix, pour les préserver des atteintes du temps et de la rouille ; ce sont, à ce qu'on dit, ceux des Lacédémoniens qui furent pris dans l'île de Sphactérie.

Description de la Grèce, I, « L'Attique », 15, 3

Marathon était un lieu célèbre, non seulement pour la victoire que les Grecs y remportèrent contre les Perses en 490 avant J.-C., mais aussi parce que c'était, disait-on, le premier endroit où Héraclès avait fait l'objet d'un culte.

MARATHON, TERRE DE HÉROS ET D'HÉRACLÈS

Avant de passer à la description des îles, je vais revenir encore pour être complet à ce qui touche aux dèmes. Marathon est un dème qui se trouve à égale distance de la cité d'Athènes et de Carystos en Eubée. C'est en cet endroit de l'Attique que les Barbares abordèrent et qu'ils furent vaincus ; comme ils rembarquaient, ils perdirent une partie de leurs navires. Dans la plaine se trouve le tombeau des Athéniens ; et, dessus, des stèles avec les noms des morts répartis par tribus ; il y en a un second pour les Béotiens de Platées et des esclaves ; car des esclaves combattirent là pour la première fois. Il y a aussi, à part, le monument funéraire d'un citoyen : Miltiade, fils de Cimon, bien que sa mort soit survenue plus tard, qu'il ait échoué à Paros et ait pour cela été traduit en justice à Athènes. Là, chaque nuit, on peut entendre des chevaux hennir et des hommes combattre ; et, à vrai dire, personne n'a rien gagné à vouloir être le témoin direct de ce phénomène ; si si au contraire cela arrive par hasard et sans qu'on le cherche, on ne subit aucun mal de la colère des divinités. À Marathon, ceux qui moururent au combat sont l'objet d'un culte : on les nomme des héros ; on y vénère aussi Marathon, de qui le dème tire son nom, et Héraclès (on prétend, à Marathon, que c'est le premier endroit de Grèce où Héraclès fut honoré comme un dieu).

Description de la Grèce, I, « L'Attique », 32, 3

Amphiaraos était un héros important du cycle thébain. Un culte lui était rendu à Oropos, à la frontière de l'Attique et de la Béotie, dans un sanctuaire où l'on pratiquait l'oniromancie, autrement dit l'interprétation des rêves.

UNE SOURCE REMARQUABLE

Il y a à Oropos une source près du temple, que l'on appelle la source d'Amphiaraos, et la tradition interdit d'y faire aucun sacrifice, d'y prendre non plus aucune eau ni pour les purifications ni pour les ablutions. Mais, quand quelqu'un a vu sa maladie guérie après un oracle, c'est une habitude établie que de jeter une pièce d'argent ou d'or dans la source. C'est par là, dit-on, qu'est remonté Amphiaraos, devenu dieu ; Iophon de Cnossos, l'un des exégètes, fournissait des oracles en vers hexamètres, en affirmant que c'étaient les oracles qu'Amphiaraos avait rendus aux Argiens de l'expédition contre Thèbes. Ces vers exerçaient une séduction considérable sur la plupart des gens. Toutefois, à l'exception de tous ceux qui dans l'Antiquité furent, dit-on, possédés par Apollon, aucun devin ne fut en vérité diseur d'oracles ; mais ils étaient habiles à expliquer les songes, à lire dans le vol des oiseaux et les entrailles des victimes. À mon avis, Amphiaraos se consacra particulièrement à l'explication des songes. D'autre part il reste évident que, lorsqu'il fut considéré comme un dieu, il institua la divination par les songes.

Description de la Grèce, I, « L'Attique », 34, 4-5

Les batailles étaient des lieux privilégiés pour l'apparition de personnages surnaturels. L'épisode du héros Cychreus à Salamine est caractéristique de cette tendance à faire intervenir le divin dans l'histoire.

ARRIVÉE OPPORTUNE

À Salamine – j'en reviens à mon propos –, il y a d'un côté un sanctuaire d'Artémis, et d'autre part le trophée de la victoire dont Thémistocle, fils de Néoclès, fut l'artisan pour les Grecs. Il y a aussi un sanctuaire de Cychreus : lors du combat naval des Athéniens contre les Mèdes, un serpent, dit-on, apparut au milieu des vaisseaux. Un oracle du dieu révéla aux Athéniens que c'était le héros Cychreus.

Description de la Grèce, I, « L'Attique », 36, 1

Théagénès de Thasos, qui vécut au Ve siècle avant J.-C., fut, dès son plus jeune âge, un athlète exceptionnel. Lui-même avait, encore enfant, arraché de son socle une statue en bronze d'un marché de Thasos. D'où la vengeance posthume racontée dans ce texte.

UN HÉROS RANCUNIER

Il triompha des concurrents à la course de fond. Selon moi, il rivalisait là avec Achille en voulant obtenir la victoire à la course dans la patrie du plus rapide de ceux qu'on appelle les Héros. Au total, il obtint mille quatre cents couronnes. Quand il eut quitté le monde des hommes, un de ceux qui l'avaient haï de son vivant se rendait chaque nuit auprès du portrait de Théagénès et administrait le fouet au bronze parce qu'il voulait châtier Théagénès en personne. Et voilà que la statue, en tombant sur l'homme, met fin à sa démesure, mais les enfants du mort poursuivirent le portrait pour meurtre. Et les Thasiens le jettent à la mer, se rangeant à la sentence de Dracon, qui, en rédigeant pour les Athéniens les lois sur le meurtre, a condamné à l'exil même les êtres inanimés, au cas où l'un d'entre eux, en tombant, causerait mort d'homme. Mais, le temps passant, comme la terre ne produisait aucune récolte pour les Thasiens, ceux-ci envoient une délégation à Delphes, et le dieu leur répondit de réintégrer leurs exilés. Bien qu'ils les eussent reçus en vertu de cette recommandation, les Thasiens ne trouvaient aucun remède à la stérilité. Une seconde fois donc, ils vont vers la Pythie et disent que, malgré l'exécution de l'oracle, la colère des dieux à leur endroit persiste. Alors, la Pythie leur répondit :

« Mais vous avez laissé hors de votre souvenir Théagénès, qui est le plus grand d'entre vous. »

Tandis qu'ils ne savaient par quel moyen récupérer le portrait de Théagénès, des gens de mer, dit-on, partis au large pour la pêche, prirent le portrait dans leurs filets et le rapportèrent à terre. Les Thasiens le consacrèrent où il se trouvait à l'origine ; ils ont pour règle de lui accorder des sacrifices comme à un dieu.

Description de la Grèce, « Élide », II, 11, 5-8

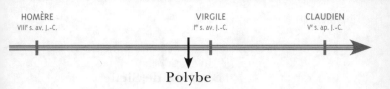

HOMÈRE
VIIIᵉ s. av. J.-C.

VIRGILE
Iᵉʳ s. av. J.-C.

CLAUDIEN
Vᵉ s. ap. J.-C.

Polybe

L'historien Polybe s'est lui aussi intéressé aux mythes inhérents à l'histoire des paysages. La région décrite dans ces lignes est celle de Carthagène, en Espagne. La scène se passe pendant la deuxième guerre punique, qui opposa les Romains aux Carthaginois de 218 à 201 avant J.-C.

DIVINISATION À BON COMPTE

Les trois autres sommets des tertres, plus petits, entourent la ville au nord. On nomme celui des trois qui est orienté vers l'est « tertre d'Héphaïstos », l'autre qui lui est contigu « tertre d'Alétès » – cet homme passe pour avoir obtenu des honneurs divins parce qu'il avait découvert les mines d'argent –, on appelle le troisième « tertre de Cronos ». On a fait communiquer artificiellement l'étang avec la mer voisine, pour la commodité des gens de mer. Par-dessus le canal creusé à travers la langue de terre séparant l'étang de la mer, un pont a été construit pour permettre le passage des bêtes de somme et des chariots transportant les approvisionnements en provenance de la campagne.

Histoires, X, 10, 10-13

HOMÈRE
VIIIᵉ s. av. J.-C.

VIRGILE
Iᵉʳ s. av. J.-C.

CLAUDIEN
Vᵉ s. ap. J.-C.

Diodore de Sicile

*Diodore de Sicile fait souvent œuvre d'ethnographe, n'hési-
tant pas à s'intéresser aux populations barbares les plus recu-
lées. Il ne manque pas de trouver chez elles des pratiques de
divinisation.*

UN DIEU TRÈS ENCADRÉ

Parmi les coutumes éthiopiennes, bon nombre passent pour différer beaucoup de celles des autres peuples, et c'est tout particulièrement le cas pour le choix
des rois. En effet, les prêtres sélectionnent d'avance les
meilleurs d'entre eux[1], et le dieu prend possession d'un
de ces élus à l'occasion d'une procession à laquelle une
coutume veut qu'il prenne part lui-même, sa statue étant
portée de tous côtés : tel est l'homme que la foule choisit comme roi ; immédiatement, elle se prosterne aussi
devant lui et l'honore à l'égal d'un dieu, comme si le
pouvoir avait été remis entre ses mains par la prévoyance
divine. Le roi ainsi choisi se soumet à un genre de vie qui
a été fixé par les lois et, pour le reste, se conforme aux
usages ancestraux, n'accordant à qui que ce soit aucun
bienfait ni aucun châtiment qui enfreigne les coutumes
établies depuis les origines.

Bibliothèque historique, III, 5, 1-2

---

1. Il s'agit des prêtres eux-mêmes.

V

PHILOSOPHER
(PRESQUE ?)
COMME DES DIEUX

L'ÉPOQUE ARCHAÏQUE
ET CLASSIQUE

La perfection humaine vers laquelle tend la philosophie ne peut se penser sans la référence aux dieux. Un double problème se pose à Platon : d'une part, la mythologie donne une image déplorable des Olympiens, perdus dans leurs débauches et dans leurs conflits ; d'autre part, laisser penser que l'homme peut parvenir à une perfection en tout point comparable à celle des dieux serait de nature à estomper la différence entre le monde des Formes et celui de leurs images. D'où une intellectualisation de la religion traditionnelle et l'idée que l'assimilation de l'homme à Dieu ne se fait que « dans la mesure du possible », réserve que conservera Aristote.

Jamblique

Le philosophe néoplatonicien Jamblique a écrit une Vie de Pythagore *dont la valeur biographique est des plus contestables, mais qui constitue un précieux témoignage sur les légendes forgées autour de la personnalité de ce personnage en partie mythique qui était considéré comme le créateur de la philosophie.*

LE PYTHAGORISME,
PONT ENTRE LES HOMMES ET LES DIEUX

Dans toute entreprise de philosophie, c'est la coutume de tout le monde, au moins chez les sages, d'invoquer l'aide de Dieu ; mais dans le cas de la philosophie qui porte à juste titre le même nom que Pythagore, lequel était surnommé divin, il convient encore plus de le faire : en effet, comme cette philosophie a été enseignée à l'origine par les dieux, il n'est pas possible de s'en saisir autrement que par l'entremise des dieux.

Vie de Pythagore, I, 1

HOMÈRE
VIIIᵉ s. av. J.-C.

VIRGILE
Iᵉʳ s. av. J.-C.

CLAUDIEN
Vᵉ s. ap. J.-C.

Héraclite

Dans l'un de ses fragments les plus célèbres, Héraclite, pen-seur de la continuité, suggère avec une remarquable sobriété de moyens l'impossibilité de considérer la mort comme une limite infranchissable. La densité de ce fragment permet de comprendre pourquoi Héraclite fut déjà célèbre dans l'Antiquité pour son obscurité.

ÉNIGME

Immortels mortels, mortels immortels
Ceux-là vivant la mort de ceux-ci
Ceux-ci mourant la vie de ceux-là

Hippolyte, *Réfutation de toutes les hérésies*, IX, 10=
frg. b62, Diels-Kranz

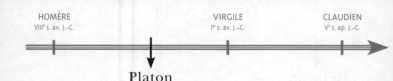

HOMÈRE
VIIIᵉ s. av. J.-C.

VIRGILE
Iᵉʳ s. av. J.-C.

CLAUDIEN
Vᵉ s. ap. J.-C.

Platon

Au cours d'un procès où il risque sa vie, Socrate n'hésite pas à prendre son accusateur Mélétos dans les filets de sa dialectique : comment peut-il lui reprocher à la fois de croire à la puissance des démons, créatures intermédiaires entre les dieux et les hommes, et de ne pas croire aux dieux ?

SOCRATE ET LES DÉMONS

Ainsi donc, tu[1] déclares que je crois à la puissance des démons et que l'enseigne leur existence, que ce soient d'ailleurs des démons anciens ou nouveaux. Oui, je crois à la puissance des démons, c'est toi qui le dis, et même tu l'as attesté par serment dans ta plainte. Mais, si je crois à la puissance des démons, il faut bien, nécessairement, que je croie aussi aux démons, n'est-il pas vrai ? Incontestablement. Je dois admettre que tu en conviens, puisque tu ne réponds pas.

Maintenant, ne considérons-nous pas les démons comme des dieux ou comme des enfants des dieux ? Oui ou non ?

Oui, assurément.

– Alors, si j'admets l'existence des démons, comme tu le déclares, et si, d'autre part, les démons sont dieux à quelque titre que ce soit, n'ai-je pas raison de dire que tu parles par énigmes et que tu te moques de nous ? Tu affirmes d'abord que je ne crois pas aux dieux et ensuite que je crois à des dieux, du moment que je crois aux démons ! Autre hypothèse : si les démons sont des enfants bâtards des dieux, nés des nymphes ou d'autres mères, comme on le rapporte, qui donc admettrait qu'il existe des enfants des dieux, mais qu'il n'y a pas de

1. Il s'agit de Mélétos.

dieux ? Autant vaudrait dire qu'il y a des mulets issus de juments et d'ânes, mais qu'il n'y a ni ânes ni juments. Non, Mélétos, il n'est pas croyable que tu eusses ainsi formulé ta plainte si tu n'avais voulu nous éprouver ; à moins que tu n'aies pas su où trouver un grief sérieux contre moi. Quant à faire admettre par une personne tant soit peu sensée que ce n'est pas le fait du même homme de croire à la puissance des démons et à celle des dieux, ou, au contraire, de ne croire ni aux démons, ni aux dieux, ni aux héros, voilà qui est radicalement impossible. Cela établi, Athéniens, je ne crois pas avoir besoin de démontrer plus longuement que l'accusation de Mélétos ne repose sur rien. Ce que j'en ai dit suffit.

Apologie de Socrate, 27c-28a

Dans l'un des passages les plus célèbres de l'œuvre platoni-cienne, l'Amour est identifié à un démon qui, à partir de la vue d'un beau corps, permet à l'âme de s'élever vers la contemplation du monde des Idées.

NAISSANCE D'UN DÉMON : L'AMOUR

– Comme dans les exemples précédents, dit-elle[2], il est un intermédiaire entre le mortel et l'immortel. – Que veux-tu dire, Diotime ? – C'est un grand démon, Socrate. En effet tout ce qui a le caractère du démon est un intermédiaire entre le mortel et l'immortel. – Et quel en est, demandai-je, le pouvoir ? – Il traduit et transmet aux dieux ce qui vient des hommes, et aux hommes ce qui vient des dieux : d'un côté les prières et les sacrifi-ces, de l'autre les ordres et la rétribution des sacrifices, et, comme il est à mi-chemin des uns et des autres, il contribue à remplir l'intervalle, de manière que le Tout

---

2. La prêtresse Diotime s'adresse à Socrate.

soit lié à lui-même. De lui procède tout l'art divinatoire, l'art des prêtres en ce qui concerne les sacrifices, les initiations, les incantations, tout ce qui est divination et sorcellerie. Le dieu ne se mêle pas aux hommes, mais, grâce à ce démon, de toutes les manières les dieux entrent en rapport avec les hommes, leur parlent, soit dans la veille soit dans le sommeil. L'homme savant en ces choses est un être démoniaque, tandis que l'homme savant dans un autre domaine – art, métier manuel – n'est qu'un ouvrier. Ces démons sont nombreux et de toute sorte : l'un d'eux est l'Amour.

De quel père est-il né, et de quelle mère ?

– C'est un peu long à raconter, me dit-elle. Je te le dirai pourtant. Le jour où naquit Aphrodite, les dieux étaient au festin. Avec eux tous il y avait le fils de Mètis, Poros. Après le dîner, Pénia était venue mendier, ce qui est naturel un jour de bombance, et elle se tenait près de la porte. Poros, qui s'était enivré de nectar (car le vin n'existait pas encore), entra dans le jardin de Zeus et, tout alourdi, s'endormit. Pénia, dans sa pénurie, eut l'idée d'avoir un enfant de Poros[3] ; elle se coucha près de lui et fut enceinte de l'Amour.

Le Banquet, 202d-203b

Ce passage du Théétète *sera considéré, à partir de la fin du 1er siècle avant J.-C., comme l'expression du souverain bien selon Platon. Alors que les stoïciens prôneront l'*oikeiôsis, *autrement dit l'enracinement dans la nature, Platon préfère la fuite hors de ce qui est humain, trop humain, pour s'assimiler à Dieu, dans la mesure du possible,* nuance essentielle, *puisqu'elle définit une pensée de la transcendance.*

3. Mètis est l'intelligence ; Pénia, la pauvreté ; Poros, le passage, la ressource.

FUIR !

SOCRATE. – Mais il est impossible que le mal disparaisse, Théodore ; car il y aura toujours nécessairement un contraire du bien. Il est tout aussi impossible qu'il ait son siège parmi les dieux : c'est donc la nature mortelle et le lieu d'ici-bas que parcourt fatalement sa ronde. Cela montre quel effort s'impose : d'ici-bas vers là-haut s'évader au plus vite. L'évasion, c'est de s'assimiler à Dieu dans la mesure du possible : or on s'assimile en devenant juste et saint dans la clarté de l'esprit. C'est pourtant chose, excellent ami, dont il n'est guère facile de persuader : que ce n'est point pour les raisons prêchées par la foule qu'on doit fuir la méchanceté et rechercher la vertu, cultivant celle-ci, évitant celle-là, pour ne point se donner réputation de méchant et gagner réputation d'honnête homme. Voilà bien où, moi, je vois, suivant le dicton, un conte de vieille femme. La vérité, la voici. Dieu n'est, sous aucun rapport et d'aucune façon, injuste : il est, au contraire, suprêmement juste, et rien ne lui ressemble plus que celui de nous qui, à son exemple, est devenu le plus juste possible. C'est à cela que se juge la véritable habileté d'un homme, ou bien sa nullité, son manque absolu de valeur humaine. C'est cela dont la connaissance est sagesse et vertu véritable, dont l'ignorance est bêtise et vice manifeste. Tous ces autres semblants d'habileté et de sagesse, dans les divers pouvoirs politiques, n'aboutissent qu'à la force brutale et, dans les arts, au vil métier. À celui qui commet l'injustice et pratique l'impiété en ses discours ou ses actes, mieux vaut donc infiniment ne point concéder qu'il soit à redouter pour son astuce. C'est gloriole, à ces gens, qu'un tel reproche ; ils l'entendent en ce sens qu'ils ne sont point des « verbes-creux », fardeaux inutiles de la terre, mais bien les hommes que doivent être, en une cité, ceux qui prétendent y vivre saufs. Il faut donc leur dire ce qui est vrai : qu'ils sont d'autant plus réellement ce qu'ils ne se croient point qu'au fait ils croient moins l'être. Ils ignorent, en effet, de quelle punition se paie l'injustice, et c'est ce qu'il est le moins permis d'ignorer. Elle n'est point, en effet, ce qu'eux pensent, peines de corps et males morts, que, parfois, esquivent totalement leurs injustices, mais punition inéluctable.

Théétète, 176a-c

L'assimilation à Dieu, dans la mesure du possible, a comme contrepartie que l'on ne cède pas à la tentation d'attribuer aux dieux les défauts des humains. Le mythe, chez Platon, correspond au mouvement d'une âme qui rencontre ses limites, il ne doit pas être l'occasion de se faire plaisir en racontant des histoires dans lesquelles les dieux se comportent de manière indigne. Socrate s'adresse à Adimante.

HALTE AUX MYTHES !

– J'ose à peine affirmer, dis-je, par respect pour Homère, qu'il est impie d'attribuer de tels sentiments à Achille et de croire ceux qui les lui attribuent. Il est impie aussi de lui faire dire à Apollon :

Tu t'es joué de moi, puissant archer, le plus funeste de tous les dieux ; certes je me vengerais de toi si j'en avais le pouvoir ;

impie de prétendre qu'il refusa d'obéir au fleuve, qui était un dieu, et qu'il était prêt à le combattre ; impie de lui faire dire de sa chevelure consacrée à l'autre fleuve, le Sperchios :

Je voudrais offrir ma chevelure au héros Patrocle,

qui était mort. Il n'est pas croyable qu'il ait fait cela. Quant à Hector traîné autour du monument de Patrocle et aux prisonniers égorgés sur son bûcher, nous soutiendrons que tout cela est faux et nous ne souffrirons pas qu'on fasse croire à nos guerriers qu'Achille, le fils d'une déesse et du très vertueux Pélée, né lui-même d'un fils de Zeus, l'élève du très sage Chiron, ait eu l'âme assez désordonnée pour réunir en elle deux maladies contraires, une basse avarice et un mépris superbe des dieux et des hommes.

– Tu as raison, dit-il.

Gardons-nous donc aussi, repris-je, de croire et de laisser dire que Thésée, fils de Poséidon, et Pirithoüs, fils de Zeus, aient tenté des enlèvements si criminels, ni qu'aucun autre fils de dieu, aucun héros ait osé commettre les indignités et les sacrilèges qu'on leur prête à présent contre toute vérité, et contraignons les poètes à reconnaître ou que les héros n'ont pas commis ces actions, ou qu'ils ne sont pas les enfants des dieux. Ne leur permettons pas de dire les deux choses à la fois, ni d'essayer de persuader nos jeunes gens que les dieux produisent quelque chose de mauvais et que les héros ne sont aucunement meilleurs que les hommes. De tels propos, nous le disions tout à l'heure, ne sont ni religieux ni vrais ; car nous avons démontré qu'il est impossible que rien de mauvais vienne des dieux.

La République, III, 391a-c

Une religion intellectualisée, comme celle que prône Platon, n'exclut pas des processus de divinisation, en tout cas sous la forme de démons. Socrate s'adresse ici à Glaucon.

ON « DÉMONISE » LES HÉROS ?

– Nous suivrons donc en ce point du moins, repris-je, l'autorité d'Homère. Nous aussi, et dans les sacrifices et dans toutes les solennités semblables, nous honorerons les braves selon leur mérite, non seulement par des hymnes et par les distinctions dont nous parlions tout à l'heure, mais encore par des places d'honneur, des viandes et des coupes pleines, afin de fortifier, tout en leur marquant notre admiration, les hommes et les femmes de courage.

– C'est très bien parler, dit-il.

– Voilà un point réglé. Pour ceux qui seront morts à la guerre, après avoir signalé leur vaillance, ne dirons-nous pas d'abord qu'ils sont de la race d'or ?

– Sans aucun doute.

– Mais ne croirons-nous pas avec Hésiode que les hommes de cette race

deviennent des démons terrestres, sacrés, excellents, qui écartent les maux des mortels et veillent à leur conservation ?

– Certainement, nous le croirons.

– Nous demanderons à l'oracle quelles funérailles et quels honneurs particuliers il faut accorder à ces hommes qui tiennent des démons et des dieux, et nous les enterrerons comme l'oracle nous l'aura prescrit.

– C'est ce que nous ferons.

– Et dès lors nous soignerons et vénérerons leurs tombes, comme s'ils étaient des démons. Nous rendrons les mêmes honneurs à ceux qui mourront de vieillesse ou autrement, après s'être signalés dans leur vie par une éminente vertu.

– Ce sera justice, dit-il.

La République, V, 468d-469b

À la différence des stoïciens, pour qui la sagesse correspond à la plénitude de la raison et donc à une insurpassable perfection, Platon tient à maintenir la différence entre les hommes et les dieux tout en explorant ce que l'on pourrait appeler « l'effet de seuil ». Ce texte est très révélateur à cet égard.

IL NE FAUT PAS CONFONDRE...

L'Athénien. – Il ne serait du moins pas difficile de prouver à notre jeune homme que, loin d'avoir moins de soin pour les petites choses, les dieux en ont plutôt davantage que pour les très grandes. Il a sûrement entendu, en effet, puisqu'il était là, ce que nous disions tout à l'heure : ils sont bons en toute sorte de vertu, et celle qu'ils ont le plus en propre, c'est de veiller sur l'univers.

Clinias. – Il a nettement entendu cela.

L'ATHÉNIEN. – Qu'ils examinent donc ensuite avec nous quelle vertu nous attribuons aux dieux quand nous convenons ensemble qu'ils sont bons. Voyons : la tempérance et l'intelligence, affirmons-nous, rentrent dans la vertu ; leurs contraires, dans le vice ?

CLINIAS. – Nous l'affirmons.

L'ATHÉNIEN. – Eh quoi, le courage est de la vertu ; la lâcheté, du vice ?

CLINIAS. – Absolument.

L'ATHÉNIEN. – Et les dernières sont laides ; les premières, belles ?

CLINIAS. – Nécessairement.

L'ATHÉNIEN. – Et tout ce qu'il y a là de mauvais est notre apanage ; quant aux dieux, nous dirons qu'ils n'y ont part à aucun degré ?

CLINIAS. – De cela aussi, tout le monde conviendrait.

Les Lois, X, 900c-d

La perfection de la nature divine ne signifie pas son iso-lement. L'Épinomis, attribué par certains à Platon et par d'autres à son disciple Philippe d'Oponte, établit une véritable chaîne d'intermédiaires entre les hommes et les dieux.

QUE D'INTERMÉDIAIRES !

C'est que les démons sont déjà accessibles à la douleur ; car le dieu, lui, qui possède la perfection de la nature divine, reste étranger à ces affections, douleur ou plaisir, mais participe à l'intelligence et au savoir dans toute leur plé-nitude ; et comme l'univers est entièrement rempli de créa-tures vivantes, ils se renseignent entre eux et renseignent les dieux les plus haut placés sur tous les hommes et sur toutes choses, parce que les êtres intermédiaires se portent d'un élan léger vers la terre et vers toutes les régions du ciel. Quant aux êtres de la cinquième espèce formés de l'eau, on les représentera sans erreur comme des demi-dieux nés de cet élément, qui tantôt tombent sous les regards, tantôt se cachent en devenant invisibles et provoquent l'étonnement par leurs apparitions incertaines. Alors qu'il existe réellement ces cinq espèces d'êtres vivants, de quelque façon que tel d'entre nous les ait rencontrés, que ce soit pour les avoir vus dans le sommeil, en songe, ou que, par manière de présages ou d'oracles, des paroles aient frappé les oreilles de gens bien portants, ou même de malades, ou encore de gens qui touchaient à leur dernière heure, – sur les croyances qui, à l'endroit de toutes ces espèces, se sont fait jour en particulier ou officiellement, qui ont suscité bien des cultes en bien des pays et en susciteront encore, le législateur, pour peu qu'il ait de sens, se gardera bien d'innover et de porter ses concitoyens à une religion sans titres sûrs.

Épinomis, 985a-d

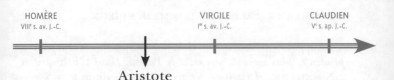

HOMÈRE
VIIIe s. av. J.-C.

VIRGILE
Ier s. av. J.-C.

CLAUDIEN
Ve s. ap. J.-C.

Aristote

Le bonheur inhérent à la perfection divine est la référence non seulement pour les individus, mais aussi pour les cités. L'idée que l'individu est une miniature de ce qui se produit dans la cité était déjà celle de Platon dans La République.

DIEU, LA CITÉ, L'INDIVIDU

Ainsi donc, échoit à chacun tout juste autant de bonheur qu'il a de vertu et de sagesse pratique et qu'il leur conforme son action : que l'accord entre nous soit acquis sur ce point, prenons-en à témoin Dieu, qui est heureux et dans la félicité parfaite non pas grâce à l'un quelconque des biens extérieurs, mais en lui-même et par la qualité particulière de sa nature, puisque c'est aussi pour cette raison que la « réussite » est nécessairement autre chose que le bonheur (les biens extérieurs à l'âme, en effet, sont dus au hasard et à la chance, tandis que personne n'est juste ni tempérant par chance, ni non plus par un effet de la chance). Il s'ensuit, et en vertu des mêmes raisonnements, qu'une cité, elle aussi, est heureuse si elle est la meilleure et si elle se trouve « en bonne condition ». Or il est impossible de se trouver « en bonne condition » si l'on n'accomplit pas des actions moralement belles – et il n'y a pas d'action moralement belle, ni pour un individu ni pour une cité, sans vertu ni sagesse pratique ; et le courage, la justice et la sagesse pratique d'une cité ont la même nature et la même forme que ces vertus, dont la possession vaut, à chaque homme, d'être appelé juste, sage et tempérant.

Politique, VII, 1, 10, 1323b

L'approche aristotélicienne de la nature humaine se veut plus prudente, plus mesurée que celle de Platon. Dans L'Éthique à Nicomaque, *il s'agit de définir une morale du juste milieu pour un être qui se situe le plus souvent à égale distance de la divinité et de la bestialité.*

NI DIEU NI BÊTE ?

Mais à la bestialité on pourrait le plus justement faire correspondre la vertu surhumaine, sorte de vertu héroïque et divine comme Homère a représenté Priam qualifiant Hector de parfaitement vertueux :

Et il ne semblait pas être enfant d'un homme mortel, mais d'un dieu.

Par conséquent, si, comme on le dit, les hommes deviennent des dieux par excès de vertu, c'est ce caractère que revêtira évidemment la disposition opposée à la bestialité : de même, en effet, qu'une bête brute n'a ni vice ni vertu, ainsi en est-il d'un dieu : son état est quelque chose de plus haut que la vertu, et celui de la brute est d'un genre tout différent du vice. Et puisqu'il est rare d'être un homme *divin*, au sens habituel donné à ce terme par les Lacédémoniens quand ils admirent profondément quelqu'un (un *homme divin* disent-ils), ainsi également la bestialité est rare dans l'espèce humaine : c'est principalement chez les Barbares qu'on la rencontre.

L'Éthique à Nicomaque, VII, 1, 1145a18-24
Texte traduit par J. Tricot, Paris, Vrin, 1997.

LES DOCTRINES HELLÉNISTIQUES

Comme si le modèle de l'homme-dieu, cher à Alexandre, avait sa transcription dans la philosophie, les penseurs de l'époque hellénistique abandonnent l'idée d'une réalité transcendant le monde et considèrent qu'il faut trouver dans la nature la réponse à toutes les interrogations de l'être humain. Ils suppriment le « dans la mesure du possible » platonicien, pour affirmer que la sagesse, exceptionnelle mais non impossible, fait de l'homme l'égal d'un dieu. Seule l'Académie entre dans une phase sceptique et accentue l'idée platonicienne d'une part irréductible de faillibilité dans l'être humain.

HOMÈRE
VIIIᵉ s. av. J.-C.

VIRGILE
Iᵉʳ s. av. J.-C.

CLAUDIEN
Vᵉ s. ap. J.-C.

Diogène Laërce

Contrairement à ce qui a été trop souvent affirmé, le pyr-rhonisme originel n'était pas un scepticisme, au sens que nous donnons à ce terme, mais plutôt un nihilisme ontologique, une doctrine affirmant qu'il n'y a nul être au-delà de l'apparence[1]. C'est ce qui explique la manière plutôt surprenante qu'a Timon de s'adresser à son maître, qu'il assimile à un dieu. Dans un autre fragment, que l'on trouve chez Sextus Empiricus[2], Timon compare très précisément Pyrrhon à Apollon, dispensateur de la lumière et donc de la vie.

SOUVERAIN DE L'APPARENCE

Voici, Pyrrhon, ce que mon cœur désire entendre :

Comment, étant un homme, réussis-tu donc à vivre si facilement dans la sérénité,

toi le seul parmi les hommes à les guider à la manière d'un dieu.

Vies et doctrines des philosophes illustres, IX, 65

1. Les dates de Pyrrhon sont imprécises. Sa naissance se situe autour de 365-360 av. J.-C., sa mort autour de 275-270.
2. *Adversus mathematicos*, XI, 20. Sextus vécut probablement au deuxième siècle de notre ère.

Dans l'épicurisme, la finalité suprême est l'ataraxie, c'est-à-dire la paix intérieure absolue. Elle exige que l'on connaisse la nature des choses, autrement dit que l'on sache que toute réalité est constituée d'atomes et de vide. La théologie est donc dans l'étroite dépendance de la physique.

COMME UN DIEU PARMI LES HOMMES

Sans supposer que la fortune est un dieu, comme beaucoup le croient (car rien n'est fait au hasard par un dieu), ni une cause sans fermeté (car on peut bien estimer qu'un bien ou un mal contribuant à la vie heureuse sont donnés aux hommes par la fortune, mais non que les principes des grands biens ou des grands maux sont régis par elle), en pensant qu'il vaut mieux être infortuné en raisonnant bien qu'être fortuné sans raisonner (en effet, ce qui est préférable, dans nos actions, c'est que la fortune confirme ce qui est bien jugé), ces enseignements donc, et ce qui s'y apparente, mets-les en pratique, en relation avec toi-même, le jour et la nuit, et en relation avec qui t'est semblable, et jamais tu ne seras troublé, ni dans la veille ni dans les rêves ; tu vivras comme un dieu parmi les hommes. Car il ne ressemble en rien à un animal mortel l'homme vivant dans les biens immortels.

Vies et doctrines des philosophes illustres, X, 134-135.
Traduction de Jean-François Balaudé
© Librairie Générale Française - Le Livre de Poche, 1999.

HOMÈRE
VIIIᵉ s. av. J.-C.

VIRGILE
Iᵉʳ s. av. J.-C.

CLAUDIEN
Vᵉ s. ap. J.-C.

Lucrèce

L'école épicurienne a pratiqué plus que toute autre le culte de la personnalité de son fondateur, qu'elle a vénéré à l'égal d'un dieu. Lucrèce met toute la puissance de son génie poétique au service de cette invocation au divin Épicure à qui il doit la révélation de ce que sont réellement les choses et les dieux.

ÉPICURE HOMME DIVIN

À peine ta doctrine commence-t-elle de sa voix puissante à proclamer ce système de la nature, issu de ton divin génie, qu'aussitôt se dissipent les terreurs de l'esprit ; les murailles de notre monde s'écartent ; à travers le vide tout entier je vois s'accomplir les choses. À mes yeux apparaissent la puissance des dieux, et leurs paisibles demeures, que n'ébranlent point les vents, que les nuages ne battent point de leurs pluies, que la blanche neige condensée par le froid aigu n'outrage point de sa chute ; un éther toujours sans nuage les couvre de sa voûte et leur verse à larges flots sa riante lumière. À tous leurs besoins pourvoit la nature, et rien ne vient jamais effleurer la paix de leurs âmes. Au contraire, nulle part ne m'apparaissent les régions de l'Achéron, et la terre ne m'empêche pas de distinguer tout ce qui sous mes pieds s'accomplit dans les profondeurs du vide. Devant ces choses, je me sens saisi d'une sorte de volupté divine et de frisson à la pensée que la nature, ainsi découverte par ton génie, a levé tous ses voiles pour se montrer à nous.

De la nature, III, 15-30

HOMÈRE
VIIIe s. av. J.-C.

VIRGILE
Ier s. av. J.-C.

CLAUDIEN
Ve s. ap. J.-C.

Plutarque

Les épicuriens affirmaient que les dieux, vivant parfaitement heureux dans les intermondes, ne se souciaient nullement des affaires humaines. D'où le refus d'admettre les apparitions et l'existence d'intermédiaires. Cela leur a valu de la part de certains de leurs adversaires une réputation, injustifiée, d'athéisme.

UN ESPRIT FOU

Le fantôme une fois disparu, Brutus appela ses esclaves ; ils dirent qu'ils n'avaient entendu aucune voix ni vu aucune apparition. Alors Brutus continua de veiller, mais, au point du jour, il alla trouver Cassius et lui raconta sa vision. Cassius, qui professait la doctrine d'Épicure, et qui avait coutume de discuter de ces sujets avec Brutus, lui dit : « C'est un principe de notre philosophie, Brutus, que ce que nous éprouvons et voyons n'est pas toujours vrai, que la sensation est chose fluctuante et trompeuse, et que notre esprit est encore plus prompt à la mouvoir et à la tourner vers toute sorte de représentations qui ne correspondent à aucune réalité. Car l'impression des sens ressemble à l'empreinte de la cire, et l'âme de l'homme, ayant en elle à la fois ce qui modèle et ce qui est modelé, peut très facilement se diversifier et se façonner par elle-même. C'est ce que prouvent les différentes formes des rêves pendant le sommeil : notre imagination les produit sous une impulsion légère qui la met en branle vers des émotions et des images de toute sorte. Cette faculté a pour nature de se mouvoir sans cesse, et son mouvement coïncide avec l'apparition de représentations ou d'idées. En outre, chez toi, la fatigue du corps tient naturellement l'esprit en suspens et l'égare. Il n'est pas croyable qu'il existe des démons, ou, s'il en existe, qu'ils prennent figure ou voix humaine, ou que leur influence nous atteigne. »

Vie de Brutus, XXXVII, 1-6

Plutarque

L'académicien Plutarque n'éprouve guère de sympathie pour les stoïciens, qu'il essaie constamment de prendre au piège de sa dialectique. Si les hommes ne deviennent pas parfaits, alors que rien ne les empêche d'accéder à la perfection par la vertu, c'est donc que les dieux sont jaloux. Élémentaire, cher Chrysippe[1].

DES DIEUX JALOUX

Or, si les dieux peuvent procurer la vertu, ils ne sont pas bons en ne la procurant pas. Si en revanche ils ne peuvent pas nous rendre bons, ils ne peuvent pas non plus nous conférer un profit, puisque aucune autre chose n'est bonne ni profitable. Et il n'est pas possible non plus qu'ils distinguent ceux qui sont devenus d'une autre façon des gens de bien en prenant pour critères la vertu ou la force morale ; car ce qui distingue également les dieux, aux yeux des gens de bien, ce sont les critères de la vertu et de la force morale – de sorte qu'il n'y aurait alors pas plus de raison que les dieux confèrent aux hommes un profit plutôt qu'ils n'en reçoivent d'eux. De plus, Chrysippe ne se présente pas lui-même comme un homme de valeur, pas plus qu'il ne le fait pour aucun de ses disciples ou de ses maîtres. Quels jugements portent-ils alors sur les autres ? N'est-ce pas celui-là même qu'ils expriment quand ils disent que tous sont atteints de folie, privés de sens, impies, criminels, parvenus au suprême degré de l'infortune et de toute espèce de malheur ?

Sur les contradictions stoïciennes, III. 1, 1048d-e

---

1. Les dates de Chrysippe sont incertaines : pour sa naissance 281 av. J.-C. ou 278 et pour sa mort 208 ou 205 av. J.-C.

HOMÈRE
VIIIe s. av. J.-C.

VIRGILE
Ier s. av. J.-C.

CLAUDIEN
Ve s. ap. J.-C.

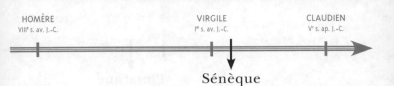

Sénèque

Dans le stoïcisme, la durée n'a pas de valeur intrinsèque. Il ne s'agit pas de vivre plus, mais de vivre mieux. L'immortalité des dieux ne leur donne donc qu'une apparence d'avantage sur les hommes. Le sage, lui, présente cette supériorité sur les dieux d'avoir conquis sa perfection en faisant usage de sa liberté.

UN PEU PLUS QUE DES DIEUX ?

La philosophie dira de même à toutes les occupations : « Je ne suis pas faite pour recevoir le temps qui vous sera de reste ; vous aurez celui dont je n'aurai pas voulu. » Qu'elle soit donc l'objet de toutes tes pensées ; tiens-toi en sa présence, vénère-la. Il se fera un intervalle immense entre toi et le reste des hommes. Tu dépasseras de beaucoup toutes les créatures mortelles ; les dieux ne te dépasseront pas de beaucoup. Tu veux savoir quelle sera la différence entre eux et toi ? Ils dureront davantage. Mais, en vérité, c'est le propre d'un grand artiste d'avoir su enfermer le tout dans un espace insignifiant. Le sage est aussi à l'aise dans son existence que Dieu dans la suite des siècles. Et il est un point par où le sage dépasse Dieu : celui-ci doit à sa nature de ne point connaître la crainte ; notre sage le doit à lui-même. Quelle grande chose, de joindre à la faiblesse d'un mortel la tranquillité d'un Dieu ! On ne saurait croire combien la philosophie a de force pour émousser tous les coups de force du hasard. Pas un trait ne l'entame ; elle offre un front de défense inébranlable ; elle lasse certaines attaques et les esquive comme des javelots légers qui se perdent dans les plis de sa robe ; il en est qu'elle secoue et qu'elle renvoie jusqu'à celui qui les a lancées.

Lettres à Lucilius, LIII, 11-12

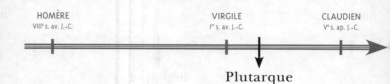

HOMÈRE
VIIIe s. av. J.-C.

VIRGILE
Ier s. av. J.-C.

CLAUDIEN
Ve s. ap. J.-C.

Plutarque

*Plutarque fait preuve d'humour pour caractériser les dieux
du stoïcisme, qui peuvent être dépossédés de leur suprématie par
le plus disgracieux des êtres humains pour peu qu'il soit parvenu à la sagesse.*

PAUVRES DIEUX !

Le troisième trait, d'autre part, afférent à la notion
des dieux est qu'il n'y a rien par quoi les dieux se distinguent autant des hommes que le bonheur et la vertu
qui les différencient. Pourtant, selon Chrysippe, ils ne
gardent même pas cet avantage. Car, pour la vertu, Zeus
ne l'emporte pas sur Dion, et c'est un profit semblable
que Zeus et Dion tirent l'un de l'autre – puisqu'ils sont
sages – chaque fois que l'un est affecté par un mouvement de l'autre. Tel est en effet le bien qui revient aux
hommes par le fait des dieux et aux dieux par le fait des
hommes lorsqu'ils sont devenus sages, à l'exclusion de
tout autre. Mais un homme qui n'est pas distancé en
vertu n'est nullement déficient pour ce qui est du bonheur, à ce qu'ils disent ; au contraire, la félicité de Zeus
Sauveur est égalée par l'infortuné que les maladies et les
mutilations physiques ont fait sortir lui-même de la vie
– pour le cas où il serait un Sage.

Sur les notions communes, XXXIII, 1076a-b

HOMÈRE
VIIIe s. av. J.-C.

VIRGILE
Ier s. av. J.-C.

CLAUDIEN
Ve s. ap. J.-C.

Marc Aurèle

Pour les stoïciens, le monde est « la cité commune des hommes et des dieux », seuls êtres rationnels. Vivre avec les dieux, ce n'est pas s'évader vers une transcendance à laquelle ces philosophes ne croient pas, mais agir en toute occasion conformément à la raison qui est en nous et qu'il nous appartient de rendre parfaite.

VIVRE AVEC LES DIEUX

Il vit avec les dieux, celui qui leur montre constamment une âme satisfaite du lot qui lui est attribué et qui fait toutes les volontés du Génie que Zeus a donné à chacun comme maître et comme guide, parcelle détachée de lui-même. Et ce Génie, c'est l'esprit et la raison de chacun.

Écrits pour lui-même, V, 27

Pour un stoïcien, la vie en elle-même est tout au plus un préférable. Seule la philosophie peut lui donner son véritable sens, qui est de mener une existence rationnelle, en accord avec le logos universel.

UN DÉMON À SURVEILLER

Dans la vie de l'homme, la durée, un point ; la substance, fluente ; la sensation, émoussée ; le composé de tout le corps, prompt à pourrir ; l'âme, tourbillonnante ; la destinée, énigmatique ; la renommée, quelque chose d'indiscernable. En résumé, tout ce qui est du corps, un fleuve ; ce qui est de l'âme, songe et vapeur ; la vie, une guerre, un exil à l'étranger ; la renommée posthume, l'oubli. Qu'est-ce donc qui peut nous guider ? Une seule et unique chose, la philosophie. Et celle-ci consiste à veiller sur le démon intérieur pour qu'il reste exempt d'affront et de dommage, qu'il triomphe des plaisirs et des peines, qu'il ne fasse rien à la légère, qu'il s'abstienne du mensonge et de la dissimulation, qu'il n'ait pas besoin que les autres fassent ou ne fassent pas ceci ou cela ; en outre, qu'il accepte ce qui arrive et constitue sa part, comme venant de cette origine quelconque d'où lui-même est venu ; surtout qu'il attende la mort en de favorables dispositions, n'y voyant rien que la dissolution des éléments dont est formé chaque être vivant.

Écrits pour lui-même, II, 17, 1-4

HOMÈRE
VIIIe s. av. J.-C.

VIRGILE
Ier s. av. J.-C.

CLAUDIEN
Ve s. ap. J.-C.

Cicéron

L'époque hellénistique, celle qui suivit la conquête d'Alexandre, a vu se développer les germes de scepticisme religieux déjà présents à l'époque classique. Pour Évhémère de Messène, qui vécut au IIIe siècle avant J.-C., les dieux étaient des hommes exceptionnels, divinisés après leur mort.

ON NE RESPECTE PLUS RIEN

Mais quoi ? ceux qui ont dit que la croyance aux dieux immortels avait été entièrement forgée par des sages dans l'intérêt de l'État, afin que la crainte religieuse amenât à leur devoir ceux sur qui la raison était sans pouvoir, ces gens-là n'ont-ils pas sapé les fondements de tout le culte ? Et Prodicos de Céos, qui a dit que toutes les choses utiles à la vie des hommes avaient été mises au nombre des dieux, quelles traces de respect des dieux a-t-il laissées ? Et les auteurs qui rapportent que des hommes braves ou célèbres ou puissants ont été divinisés après leur mort, et que ce sont ceux-là mêmes que nous avons coutume d'honorer, de prier, de vénérer, ne sont-ils pas dépourvus de tout respect religieux ? Cette théorie a été surtout exposée par Évhémère, que notre Ennius[1] a traduit et a suivi plus que tout autre ; or Évhémère nous fait connaître les morts et les tombeaux des dieux. Croirons-nous qu'il a consolidé les fondements du culte ou qu'il les a radicalement sapés ?

La Nature des dieux, I, 118

---

1. Ennius (239-169 av. J.-C.) fut le fondateur de la poésie latine.

85

HOMÈRE
VIIIe s. av. J.-C.

VIRGILE
Ier s. av. J.-C.

CLAUDIEN
Ve s. ap. J.-C.

Plutarque

Pour Plutarque, Évhémère, qui, dans un roman initiatique, affirmait que dans l'île de Panchée (ou de Panchon) on trouvait une colonne d'or portant les noms des grands hommes divinisés, était tout simplement un faussaire.

UN FAUSSAIRE ?

J'ai peur pourtant que ce ne soit là[1] toucher à l'intouchable et « partir en guerre » non seulement contre « la longue suite des temps », comme dit Simonide, mais aussi « contre une multitude de peuples, une multitude de nations » pénétrés d'adoration pour ces dieux. Cela revient à peu près à faire descendre de si grands noms du ciel sur la terre, à bannir et à détruire la vénération et la foi dont presque tous les hommes sont imprégnés dès leur naissance, à ouvrir toutes grandes les portes à Léon l'Athée, qui ravale les dieux au niveau de l'homme, à donner enfin un éclatant aval aux mystifications d'Évhémère de Messène, qui, en fabriquant de toutes pièces des « copies » d'une mythologie indigne de créance et purement fictive, répand par le monde un athéisme total, réduisant tous les dieux de nos croyances, sans exception, à n'être que les noms de généraux, d'amiraux et de rois qui, selon lui, auraient vécu il y a très longtemps et dont la liste figurerait dans une inscription gravée en lettres d'or à Panchon : or cette inscription, aucun Barbare ni aucun Grec n'a jamais eu l'occasion de la voir, à l'exception, apparemment, d'Évhémère, le seul à avoir abordé chez ces Panchoens et ces Triphylliens qui n'ont jamais existé, ni n'existent, nulle part.

Isis et Osiris, XXIII, 359f-360b

---

1. Il s'agit de l'attitude des Égyptiens qui pensaient que certains rois et tyrans s'étaient mis eux-mêmes au rang des dieux.

HOMÈRE
VIIIe s. av. J.-C.

VIRGILE
Ier s. av. J.-C.

CLAUDIEN
Ve s. ap. J.-C.

Cicéron

Placé à la fin de La République, *dialogue écrit par Cicéron en 54 avant J.-C.,* Le Songe de Scipion *eut une influence considérable sur la pensée antique et médiévale. Dans ce passage, Cicéron reprend une idée développée par Platon dans le* Phèdre : *l'âme humaine est immortelle en raison de son automotion.*

TOUS DIEUX !

Ton être véritable n'est pas celui que ton apparence extérieure révèle ; c'est l'âme de chacun qui constitue son être, non cette figure qu'on peut montrer du doigt. Sache donc que tu es dieu, s'il est vrai qu'est dieu ce qui vit, qui est doué de sentiment, qui se souvient, qui prévoit, qui dirige, modère et met en mouvement le corps auquel il est préposé, comme ce dieu, qui occupe le premier rang, le fait pour le monde auquel nous appartenons. Et de même que c'est un monde en partie mortel que le dieu éternel lui-même met en mouvement, c'est un corps fragile que l'âme immortelle fait mouvoir.

En effet, ce qui se meut toujours est éternel ; en revanche, ce qui ne fait que transmettre un mouvement à un autre corps et recevoir lui-même de l'extérieur sa propre impulsion doit cesser de vivre au moment où cesse son mouvement. Donc seul l'être qui se meut de lui-même, parce qu'il ne s'abandonne jamais soi-même, ne cesse jamais non plus de se mouvoir ; il est même la source et la cause première du mouvement pour les autres êtres qui se meuvent. Or une cause première n'a pas de commencement ; en effet, toutes choses sortent de la cause première, tandis qu'elle ne peut naître de rien qui lui soit étranger ; si elle devait sa naissance à quelque chose d'étranger à elle-même, elle ne serait pas la cause première. Puisqu'elle n'a jamais de commencement, jamais non plus elle n'a de fin. En effet, si une cause première

87

est détruite, elle ne pourra ni renaître elle-même d'une autre chose, ni créer d'elle-même autre chose, en raison du fait que tout doit naître de la cause première. Il en résulte que la cause première du mouvement provient de l'être qui est en lui-même la cause de son propre mouvement ; or cet être ne peut ni naître ni mourir, sans cela, nécessairement, tout le ciel s'écroulerait et toute la nature, d'une part, cesserait de se mouvoir, sans, d'autre part, trouver aucune force pour lui donner à nouveau l'impulsion de son mouvement.

La République, VI, 26-27

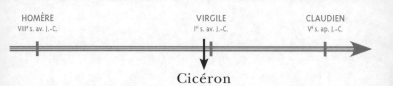

HOMÈRE
VIIIᵉ s. av. J.-C.

VIRGILE
Iᵉʳ s. av. J.-C.

CLAUDIEN
Vᵉ s. ap. J.-C.

Cicéron

Dans Le Songe de Scipion, *ce n'est pas une contemplation détachée de la vie politique qui permet à l'âme de rejoindre, après la mort, les plus hautes zones cosmiques, mais une existence mise au service de la cité.*

RÉTRIBUTION OU SANCTION... LÀ-HAUT

Cette âme, exerce-la aux plus nobles activités. Les plus nobles, ce sont les soins accordés au salut de la patrie ; l'âme qui a passé par ces luttes et cet entraînement parviendra plus vite, dans son vol, jusqu'à la région où nous sommes, où lui est réservée une demeure ; elle atteindra plus promptement à ce résultat si, pendant la période où elle est encore enfermée dans le corps, elle s'élève déjà hors de lui et si, grâce à la contemplation de ce qui est au-delà, elle réussit à se dégager du corps autant que possible, Quant à ceux qui se sont adonnés aux plaisirs du corps et se sont, pour ainsi dire, mis à leur service, qui, sous l'impulsion des passions qui obéissent aux plaisirs, ont violé ainsi les lois divines et humaines, leurs âmes, après avoir glissé hors de leur corps, roulent continuellement autour de la terre même et ne reviennent dans cette région-ci qu'après avoir été poussées çà et là pendant bien des siècles.

Il disparut ; et moi, je m'éveillai.

La République, VI, 26, 29

LE PLATONISME IMPÉRIAL

Après l'épisode sceptique de la Nouvelle Académie, une inspiration plus proche de celle des œuvres de Platon réapparaît. À partir de la seconde moitié du Ier siècle avant J.-C., dans le moyen platonisme d'abord, le néoplatonisme ensuite, et à travers une pratique du commentaire, les platoniciens retrouvent les grands thèmes de l'immortalité de l'âme et de l'assimilation à Dieu dans la mesure du possible.

HOMÈRE
VIIIᵉ s. av. J.-C.

VIRGILE
Iᵉʳ s. av. J.-C.

CLAUDIEN
Vᵉ s. ap. J.-C.

Alcinoos

Le moyen platonisme est un concept inventé par la science allemande du XIXᵉ siècle pour désigner une période intermédiaire entre, d'une part, le long épisode sceptique de la Nouvelle Académie, du IIIᵉ au Iᵉʳ siècle avant J.-C. et, d'autre part, le néoplatonisme, qui se développe au IIIᵉ siècle. Alcinoos, qui en est l'un des représentants, illustre ce retour à une interprétation dogmatique de Platon, dans laquelle le commentaire joue un très grand rôle. Les mots en italique correspondent à des citations de divers dialogues platoniciens.

L'HOMME-DIEU SELON PLATON

En conséquence de tout cela, Platon proposait *comme fin* [de la vie humaine] *l'assimilation à Dieu dans la mesure du possible* ; cette fin, il la présente de façons variées. Tantôt il déclare que s'assimiler à Dieu, c'est être sensé, *juste et pieux*, comme dans le *Théétète* : *Aussi faut-il s'efforcer de s'évader au plus vite d'ici-bas vers là-haut. L'évasion, c'est s'assimiler à dieu dans la mesure du possible : or s'assimiler, c'est devenir juste et pieux avec intelligence.* Tantôt il déclare que s'assimiler, c'est seulement être juste, comme dans le dernier livre de *La République* : *Il n'est pas possible que les dieux négligent quiconque s'efforce de devenir juste et de se rendre, par la pratique de la vertu, aussi semblable à Dieu qu'il est possible à l'homme.* Dans le *Phédon*, il déclare que l'assimilation à Dieu consiste à devenir à la fois tempérant et juste, à peu près en ces termes : *Les plus heureux*, dit-il, les bienheureux, *qui iront au lieu le meilleur, ne sont-ils pas ceux qui ont pratiqué cette vertu sociale et civique que l'on appelle tempérance et justice ?* Ainsi, tantôt il dit que la fin [de la vie humaine] consiste à s'assimiler à Dieu, tantôt elle consiste à le suivre, par exemple quand il dit : *Dieu qui, selon l'antique tradition, tient en mains le commencement et la fin*, etc., tantôt il dit que c'est les deux à la fois, par exemple quand il dit : l'âme *qui suit dieu* et *lui ressemble*, etc. En effet, le bien est un principe de ce qui est avantageux, et ce principe *dépend* de Dieu : ce serait donc faire s'accorder *la fin* avec le principe que de *s'assimiler* à Dieu, au dieu, évidemment, qui est dans le ciel, et non pas, par Zeus, au dieu supracéleste, qui n'a pas de vertu, mais qui est meilleur qu'elle ; de sorte que l'on peut dire avec raison que le malheur est une mauvaise disposition de notre démon, et le bonheur, une bonne disposition de notre démon. Nous parviendrons à devenir semblables à Dieu d'abord si nous possédons *une nature* qui convient, *des mœurs*, une éducation, *une manière de vivre* conforme à la loi, si surtout nous faisons usage de la raison, *de l'étude et de la tradition* des doctrines, de manière à *nous tenir éloignés* de la multitude *des affaires humaines* et d'être toujours tendus vers les objets intelligibles.

Enseignement des doctrines de Platon, XXVIII, 181-182

HOMÈRE
VIIIe s. av. J.-C.

VIRGILE
Ier s. av. J.-C.

CLAUDIEN
Ve s. ap. J.-C.

Apulée

Le moyen platonisme devait se différencier du stoïcisme en rétablissant les dieux dans l'espace de la transcendance. C'est précisément ce que fait Apulée.

UN DIEU N'EST PAS UN HOMME

Jusqu'ici vous connaissez deux sortes d'êtres animés : les dieux se distinguent profondément des hommes par l'élévation de leur séjour, l'éternité de leur vie, la perfection de leur nature, l'absence totale de relations directes avec nous, tant est grande la différence de niveau qui sépare les plus hautes demeures des plus basses ; et puis la force vitale est là-haut éternelle et inaltérable, ici-bas caduque et précaire, leur être est élevé à la cime de la béatitude, le nôtre est plongé dans les misères. Qu'est-ce à dire ? La nature ne s'est-elle liée par aucun enchaî-nement ? S'est-elle laissé partager en deux parts, l'une divine, l'autre humaine, et affaiblir en quelque sorte par une telle brèche ? En effet, comme le dit encore Platon, aucun des dieux ne se mêle aux hommes, et la princi-pale marque de leur éminence est justement qu'aucun commerce avec nous ne les souille. Certains d'entre eux seulement sont perceptibles à nos regards obtus, tels les astres : encore discute-t-on de leur grandeur et de leurs couleurs ; quant aux autres, seule l'intelligence peut chercher à les connaître non sans peine. S'étonner de cela, dans le cas des dieux immortels, serait des plus malséant, car ailleurs encore, même chez les hommes, celui que les somptueux présents de la fortune ont élevé au-dessus des autres et hissé jusque sur l'estrade chance-lante, le tribunal instable d'un trône se laisse rarement approcher et passe ses jours loin de tout témoin, comme dans le sanctuaire de sa grandeur. En effet la familiarité fait naître le mépris, un abord rare attire l'admiration.

« Dans ces conditions, l'Orateur, » m'objectera peut-être l'un d'entre vous, « quelle ressource me laisse cette conception, céleste sans doute, mais presque inhumaine, si les hommes, inexorablement repoussés loin des dieux immortels, se trouvent relégués dans notre Tartare terrestre, au point que toute espèce de relation avec les dieux d'en-haut leur soit interdite et que pas un habitant du ciel ne vienne les visiter, comme le font le berger, le palefrenier et le bouvier pour leurs troupeaux bêlants, hennissants ou mugissants, afin de réfréner les furieux, de guérir les malades, d'aider les nécessiteux ? »

Du dieu de Socrate, IV, 127-V, 129

À la différence d'un platonisme pessimiste, insistant sur la différence abyssale entre les hommes et les dieux, Apulée établit une forme de communication entre les uns et les autres grâce à ces créatures intermédiaires que sont les démons.

DÉMONS OCCUPÉS

Ces êtres ont reçu des Grecs le nom de « démons » ; entre les habitants de la terre et ceux du ciel, ils jouent le rôle de messagers pour les prières d'ici-bas et les dons de là-haut ; ils font la navette, chargés de requêtes dans un sens, de secours dans l'autre, assurant auprès des uns ou des autres l'office d'interprètes ou de sauveteurs. C'est par eux aussi, comme l'affirme Platon dans le *Banquet*, que sont opérées toutes les révélations, que sont réglés les divers prodiges de la magie et les présages de toute espèce. Ce sont en effet des individus pris dans leurs rangs qui sont chargés de fonctions, chacun dans le ressort qui lui a été assigné : songes à façonner, viscères à fissurer, vols d'oiseaux à gouverner, chants d'oiseaux à moduler, devins à inspirer, foudres à lancer, nuées à entrechoquer, sans compter tous les autres signes qui nous permettent de discerner l'avenir. Certes, ces phénomènes dépendent tous de la volonté, de la toute-puissance et de l'autorité des dieux du ciel, mais leur accomplissement est dû à l'obéissance, à l'œuvre et à l'intermédiaire des démons : il faut le reconnaître.

Car c'est leur mission, leur œuvre, leur affaire que les songes menaçant Hannibal de la perte d'un œil, les entrailles annonçant à Flaminius le risque d'un désastre, les augures adjugeant à Attus Navius le prodige de la pierre à aiguiser ; de même les signes précurseurs révélant à d'aucuns leur royauté future : l'aigle qui couvre de son ombre le bonnet de Tarquin l'Ancien, la flamme qui baigne de lumière la tête de Servius Tullius ; enfin, la série entière des prédictions de devins, cérémonies expiatoires des Étrusques, sacrifices aux lieux frappés de la foudre, oracles en vers des Sibylles. Tout cela, comme je l'ai dit, ce sont des puissances intermédiaires entre les hommes et les dieux qui y pourvoient.

Du dieu de Socrate, VI, 133-136

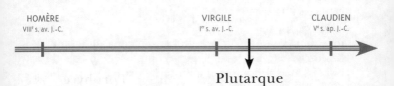

HOMÈRE	VIRGILE	CLAUDIEN
VIIIᵉ s. av. J.-C.	Iᵉʳ s. av. J.-C.	Vᵉ s. ap. J.-C.

Plutarque

En se référant avec précision à Hésiode, qu'il systématise cer-
tainement, Plutarque donne un classement hiérarchique de tous
les êtres rationnels. L'exégèse d'Homère et d'Hésiode fut l'un des
points de conflit entre les stoïciens et les platoniciens.

UN CLASSEMENT BIEN NET… MAIS RÉVERSIBLE

Hésiode, clairement et distinctement, a établi une
classification des êtres rationnels en quatre catégories :
d'abord les dieux, ensuite les démons, puis les héros et
enfin les hommes. À partir de là, il semble avoir procédé
à des changements : plusieurs des hommes de la race de
l'âge d'or devinrent des démons, et beaucoup de demi-
dieux furent réduits au rang de héros.

De la disparition des oracles, 415b

Porphyre

La biographie du philosophe néoplatonicien Plotin par Porphyre nous est précieuse, non seulement pour la connaissance de sa vie, mais également comme document sur les croyances concernant l'au-delà à l'intérieur de cette école philosophique.

PORTRAIT DU PHILOSOPHE EN DÉMON

« Tu contemplais sans cesse, dit l'oracle, en toi-même comme en dehors de toi ; et tu vis ainsi bien de beaux spectacles difficilement visibles même aux hommes adonnés à la philosophie. » C'est que la contemplation, chez les hommes, peut devenir plus qu'humaine ; certes, relativement à la connaissance qui appartient aux dieux, elle nous donne bien de « beaux spectacles », mais elle ne peut saisir la réalité jusqu'en son fond, comme c'est le cas pour les dieux. Voilà donc d'après l'oracle ce que fit Plotin et ce qu'il atteignit, quand il était encore enveloppé du corps. Mais, après s'en être délivré, il vint dans l'« assemblée des démons ». Là séjournent l'amitié, le désir, la joie, l'amour suspendu à Dieu ; c'est le rang où se trouvent les juges des âmes, les fils de Dieu, Minos, Rhadamante et Éaque ; il vient à eux non pour se faire juger, mais pour s'unir à eux comme s'y unissent tous ceux qui ont complu aux dieux. C'est Platon, c'est Pythagore, et « tous les choreutes de l'immortel Éros ». Là est l'origine des démons bienheureux ; ils y mènent une vie toute comblée de délices et de joies ; et ils possèdent jusqu'au bout ce bonheur qui leur vient des dieux.

Vie de Plotin, 23

HOMÈRE
VIIIe s. av. J.-C.

VIRGILE
Ier s. av. J.-C.

CLAUDIEN
Ve s. ap. J.-C.

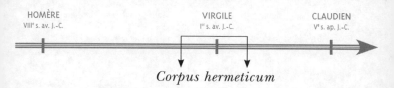

Corpus hermeticum

L'auteur, anonyme, du Corpus Hermeticum, *s'inspire notamment d'Héraclite (voir* supra, *p. 63) pour affirmer que l'intellect en l'homme est Dieu et que l'humanité de certains est toute proche de la divinité.*

GRANDEUR DE L'HOMME

En effet, aucun des dieux célestes ne quittera la frontière du ciel et ne descendra sur terre ; l'homme au contraire s'élève même jusqu'au ciel, et il le mesure, et il sait ce qui dans le ciel est en haut, ce qui est en bas, et il apprend tout le reste avec exactitude, et, merveille suprême, il n'a même pas besoin de quitter la terre pour s'établir en haut, si loin s'étend son pouvoir ! Il faut donc oser le dire, l'homme est un dieu mortel, le dieu céleste un homme immortel. Aussi est-ce par l'intermédiaire de ce couple, le monde et l'homme, que toutes choses existent, mais elles ont toutes été produites par l'Un.

Corpus Hermeticum, Traité, X, 25

VI

LE TEMPS
DE L'HOMME-DIEU

ALEXANDRE
CRÉATEUR D'UN MONDE

Un certain nombre de témoignages que nous reproduisons nous apprennent que, dans l'Athènes classique, l'idée d'accéder à la divinisation à travers l'activité politique pouvait prêter à sourire. C'est sans nul doute l'épopée d'Alexandre qui, en inscrivant dans un temps historique très court tout ce qu'Homère avait suggéré de la capacité des héros à devenir semblables à des dieux, instaura une ère nouvelle. Les divers témoignages qui nous sont parvenus montrent comment la tentation de se considérer comme un dieu et d'imposer cette croyance à ses sujets devint de plus en plus forte chez le conquérant au fur et à mesure de ses victoires. Cela suscita un fort rejet chez certains, qui voyaient dans cette divinisation une marque de l'*hybris*, cet excès que condamnait la tradition grecque. D'autres, au contraire, par flagornerie ou par admiration sincère pour ce personnage hors du commun, l'encourageaient dans son entreprise. Dans les royaumes hellénistiques, issus de la conquête, des traditions locales de divinisation du souverain, celles de l'Égypte pharaonique par exemple, permirent d'autant plus facilement aux Macédoniens devenus rois de pérenniser le rêve de divinité de celui qui les avait conduits si loin.

HOMÈRE
VIII° s. av. J.-C.

VIRGILE
I° s. av. J.-C.

CLAUDIEN
V° s. ap. J.-C.

Hérodote

Pisistrate fut, au vi° siècle avant J.-C., l'un des artisans de la puissance athénienne. Premier tyran d'Athènes, c'est-à-dire homme politique porté au pouvoir par un mouvement populaire, il en fut chassé pendant quelques années par l'opposition, dirigée par Lycurgue. Cependant ses partisans le firent revenir, en utilisant notamment ce subterfuge, fondé sur la manipulation de la religion.

DRÔLE DE DÉESSE

Dans le dème de Paiania, il y avait une femme nommée Phyè, d'une taille de quatre coudées moins trois doigts, et d'ailleurs belle personne. Ils revêtirent cette femme d'un armement complet, la firent monter sur un char, lui enseignèrent l'attitude dans laquelle elle devait faire le plus noble effet et la menèrent à la ville. Ils avaient envoyé devant, en éclaireurs, des hérauts, qui, arrivés à la ville, y proclamaient ce qu'on leur avait ordonné, disant : « Athéniens, recevez favorablement Pisistrate ; Athéna, qui a voulu l'honorer entre tous les hommes, le ramène elle-même dans sa propre acropole. » Allant çà et là, ils tenaient ces propos. Aussitôt le bruit se répandit dans les dèmes qu'Athéna ramenait Pisistrate ; et les habitants de la ville, persuadés que la femme était la déesse en personne, adorèrent cette créature et accueillirent Pisistrate.

Histoires, I, 60

HOMÈRE
VIIIe s. av. J.-C.

VIRGILE
Ier s. av. J.-C.

CLAUDIEN
Ve s. ap. J.-C.

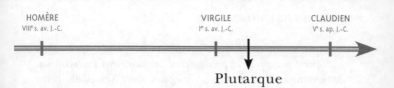

Plutarque

Cléomène fut, dans la seconde moitié du IIIe siècle avant J.-C., un réformateur spartiate qui tenta de procéder à un nouveau partage des terres. Vaincu en 222, il se réfugia en Égypte où il essaya de soulever les Alexandrins contre le roi Ptolémée IV, avant de se suicider.

QUELLE NAÏVETÉ !

Ainsi, Lacédémone, dans ce drame où les femmes, à l'instant suprême, rivalisèrent de courage avec les hommes, montra qu'il n'est pas donné à la Fortune d'outrager la Vertu. Quelques jours plus tard, ceux qui gardaient le corps de Cléomène suspendu au gibet virent un serpent de grande taille enroulé autour de sa tête et qui lui cachait le visage, de sorte qu'aucun oiseau de proie ne pouvait venir s'y poser. Ce prodige frappa le roi d'une crainte superstitieuse, et la peur fit faire aux femmes, de leur côté, des sacrifices expiatoires, dans la pensée que l'on avait tué un homme aimé des dieux, et d'une nature supérieure. Les gens d'Alexandrie se rendaient même fréquemment à cet endroit en saluant Cléomène du nom de héros et de fils des dieux, jusqu'à ce que les gens plus instruits les fissent cesser en expliquant que, comme les bœufs putréfiés engendrent des abeilles, les chevaux des guêpes, et que des scarabées vivants sortent du corps des ânes morts, de même les cadavres humains, quand s'écoulent et coagulent les humeurs de la moelle, produisent des serpents ; et c'est pour avoir observé ce phénomène que les Anciens ont associé aux héros, de préférence aux autres animaux, le serpent.

Vie de Cléomène, XXXIX, 1-6

Agésilas fut roi de Sparte au début du IVe siècle. Ses qualités militaires, politiques et personnelles provoquèrent l'admiration des historiens et de certains philosophes, dont Xénophon. Dans ce texte, la divinisation n'apparaît pas comme l'une de ses préoccupations fondamentales.

HÉROS PEU PRESSÉ

Lorsque les Thasiens, revenant à la charge du fait de toutes les faveurs dont ils s'estimaient comblés de sa part, l'honorèrent par des temples et des apothéoses et lui envoyèrent une ambassade à ce sujet, il posa, après avoir lu la liste des honneurs que lui apportaient les ambassadeurs, la question de savoir si leur patrie avait le pouvoir de diviniser des hommes ; sur leur réponse affirmative, « Eh bien, dit-il, faites d'abord des dieux de vous-mêmes ; et quand vous aurez accompli cela, alors je vous croirai capables, comme vous le prétendez, de faire de moi aussi un dieu ».

Apophtegmes laconiens, 25

À la bataille de Salamine, des combattants athéniens crurent voir des apparitions. C'est moins le phénomène en lui-même qui est intéressant ici que l'habileté avec laquelle Plutarque suggère qu'il ne s'agissait pas de certitudes, mais plutôt d'impressions subjectives.

UNE PROTECTION VENUE D'AILLEURS ?

Le combat en était à ce point lorsqu'une grande lueur s'éleva, dit-on, du côté d'Éleusis, tandis qu'un cri et une clameur remplissaient la plaine de Thria jusqu'à la mer, comme si une multitude d'hommes conduisaient ensemble la procession du mystique Iacchos[1]. Puis, au-dessus de

---

1. Iacchos est une figure incertaine de la mythologie, que l'on met en relation avec Dionysos.

cette foule criante, un nuage de poussière, s'élevant peu à peu de la terre, sembla ensuite retomber et s'abattre sur les trières. D'autres crurent apercevoir des fantômes et des figures d'hommes armés qui venaient d'Égine et tenaient leurs mains levées devant les vaisseaux grecs. On conjectura que c'étaient les Éacides[2], dont on avait imploré le secours avant le combat.

Vie de Thémistocle, XV, 1-2

2. Les Éacides sont les descendants d'Éaque, roi d'Égine et juge mythique aux Enfers.

HOMÈRE
VIIIᵉ s. av. J.-C.

VIRGILE
Iᵉʳ s. av. J.-C.

CLAUDIEN
Vᵉ s. ap. J.-C.

Diodore de Sicile

Les querelles d'historiens n'étaient pas rares dans l'Antiquité. Diodore de Sicile reproche à Timée de Tauroménion, qui écrivit dans la première moitié du IIIᵉ siècle avant J.-C., d'avoir divinisé un personnage insignifiant.

NE PEUT PAS DIVINISER N'IMPORTE QUI

Si l'on trouve naturel que Callisthène ait été puni de mort, quelle peine mérite Timée ? Car la divinité aurait de plus justes raisons de lui en vouloir qu'à Callisthène. Ce dernier a voulu diviniser Alexandre, mais Timée a voulu mettre Timoléon au-dessus des dieux qui se sont manifestés de la façon la plus éclatante[1]. Callisthène divinisait un homme à qui tout le monde reconnaît des dons supérieurs à l'homme[2], tandis que l'autre divinise Timoléon, un homme qui passe non seulement pour n'avoir rien fait, mais même pour n'avoir rien conçu de grandiose, et qui dans sa vie n'a bougé que d'une seule case, et encore n'est-elle pas bien considérable par rapport à l'étendue du monde, je veux dire le trajet de sa patrie à Syracuse.

Bibliothèque historique, XII, 23, 3-6

---

1. Timoléon de Corinthe réorganisa la Sicile au IVᵉ siècle av. J.-C.
2. Callisthène, neveu d'Aristote, accompagna Alexandre en Asie et, contrairement à ce qui est dit dans le texte, refusa l'orientalisation des mœurs du souverain, qui le fit exécuter.

HOMÈRE
VIIIᵉ s. av. J.-C.

VIRGILE
Iᵉʳ s. av. J.-C.

CLAUDIEN
Vᵉ s. ap. J.-C.

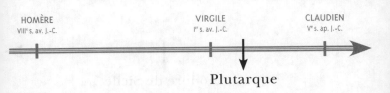

Plutarque

Alexandre, soucieux à la fois d'enraciner son pouvoir en Orient et de renforcer la croyance en son origine divine, se rendit à l'oasis égyptienne de Siwah, où se trouvait un temple d'Ammon particulièrement vénéré.

ALEXANDRE FILS D'AMMON ?

Quand Alexandre eut traversé le désert et fut arrivé au but, le prophète d'Ammon le salua de la part du dieu comme si Alexandre était son fils. Le roi lui demanda alors si quelqu'un des meurtriers de son père ne lui avait pas échappé. Le prophète le pria de surveiller son langage, car il n'avait pas pour père un mortel. Changeant la forme de sa question, Alexandre lui demanda s'il avait châtié tous les meurtriers de Philippe ; puis il le questionna sur l'empire : le dieu lui accordait-il de devenir le maître du monde entier ? Le dieu répondit qu'il le lui accordait aussi, et que Philippe avait été pleinement vengé. Alors Alexandre combla le dieu de magnifiques offrandes et donna de l'argent aux prêtres.

Vie d'Alexandre, XXVII, 5-7

HOMÈRE
VIII° s. av. J.-C.

VIRGILE
I° s. av. J.-C.

CLAUDIEN
V° s. ap. J.-C.

Diodore de Sicile

*Cette version, un peu plus romancée, du même épisode mon-
tre à quel point il était considéré comme le moment-clé dans le
processus de divinisation du conquérant.*

UN AUTRE TÉMOIN

Alexandre fut introduit par les prêtres à l'intérieur
du temple et se recueillit devant le dieu. Le prophète,
un vieillard, s'avança alors vers lui. « Salut, dit-il, ô mon
fils ! Et reçois cette salutation comme venant du dieu. »
Alexandre prit la parole et dit : « Oui, j'accepte ton
oracle, ô mon père. À l'avenir, on m'appellera ton fils.
Mais me donnes-tu l'empire de la terre entière ? » Le
prêtre s'avança alors vers l'enceinte sacrée, et les porteurs
du dieu s'ébranlèrent. Par certains signes convenus, le
prophète proclama alors que le dieu lui accordait fermement ce qu'il demandait. Alexandre reprit la parole.
« Ô divinité, dit-il, révèle-moi le reste de ce que je cherche : ai-je désormais châtié tous les meurtriers de mon
père, ou quelques-uns sont-ils demeurés cachés ? » Le
prophète se récria : « Silence ! Il n'existe pas, l'homme
qui pourra fomenter un complot contre Celui qui t'a
engendré ! Tous les assassins de Philippe ont été châtiés.
L'heureux succès de tes entreprises prouvera que tu es
né du dieu. Par le passé, tu étais invaincu. Tu seras désormais, à tout jamais, invincible ! » Ravi de l'oracle qui lui
avait été rendu, Alexandre gratifia le dieu d'offrandes
somptueuses et regagna l'Égypte.

Bibliothèque historique, XVII, 51, 1-4

HOMÈRE
VIIIᵉ s. av. J.-C.

VIRGILE
Iᵉʳ s. av. J.-C.

CLAUDIEN
Vᵉ s. ap. J.-C.

Plutarque

Alexandre chercha à atténuer la difficulté du retour en s'identifiant à Dionysos, dont la mythologie raconte qu'après avoir vaincu les Indiens il revint à Thèbes, accompagné de ménades asiatiques, pour s'y faire reconnaître. Euripide fit de cet épisode le sujet de ses Bacchantes.

ALEXANDRE NOUVEAU DIONYSOS ?

Derrière lui venait une foule immense de chariots, soit couverts de dais de pourpre et d'étoffes brodées, soit ombragés de rameaux toujours frais et verdoyants, portant les autres amis et officiers du roi, qui buvaient, couronne en tête. On ne pouvait voir ni bouclier, ni casque, ni sarisse ; ce n'étaient que vases, cornes à boire et coupes théricléennes[1], avec lesquels, tout au long du chemin, les soldats puisaient du vin dans des jarres et des cratères de grandes dimensions pour boire à la santé les uns des autres, ou bien tout en marchant et avançant, ou bien étendus comme à table. Une grande musique de chalumeaux et de flûtes, des chants accompagnés par la lyre et des chœurs de bacchantes emplissaient tous les alentours. Aux mouvements désordonnés et flottants de cette procession se mêlaient des jeux d'une licence bachique, comme si le dieu lui-même était présent et conduisait ce bruyant cortège. Arrivé au palais royal de Gédrosie, il acheva de réconforter son armée en donnant de nouvelles fêtes.

Vie d'Alexandre, LXVII, 3-7

---

1. Ces coupes étaient ainsi nommées du nom de leur inventeur Thériclès, qui vécut au Vᵉ siècle av. J.-C.

HOMÈRE
VIIIᵉ s. av. J.-C.

VIRGILE
Iᵉʳ s. av. J.-C.

CLAUDIEN
Vᵉ s. ap. J.-C.

Quinte Curce

Cette description de l'affliction générale à la mort d'Alexandre montre cependant combien la divinisation d'un être vivant, si exceptionnel soit-il, suscitait encore de réticences, même parmi ceux qui étaient très attachés à lui.

IL VAUT MIEUX DIVINISER AVANT

Dans la communauté de la peine, on ne pouvait distinguer les vaincus des vainqueurs. Les Perses rappelaient le maître si juste et si doux ; les Macédoniens, le roi parfait et si courageux : il naissait une sorte de rivalité dans la douleur. Outre la voix de l'affliction, celle de l'indignation se faisait entendre : « C'était la jalousie des dieux qui l'avait enlevé à l'humanité, en pleine force et dans la fleur de sa vie et de son destin. » Sa vigueur, son expression quand il entraînait les soldats au combat, assiégeait les villes, escaladait les murailles ou récompensait le courage devant l'armée réunie, tout cela se présentait aux yeux. Alors les Macédoniens se repentaient de lui avoir dénié les honneurs divins, et ils avouaient leur impiété et leur ingratitude pour avoir frustré ses oreilles d'un titre dû. Et, après qu'ils furent restés longtemps soit à vénérer leur roi soit à le regretter, leur pitié se reporta sur eux-mêmes.

Histoires, X, v, 10-12

ROME, SÉRIE CULTE

Fondée par Romulus, dont l'ascendance était à la fois divine et humaine, la ville de Rome avait quelques prédispositions à être considérée comme un lieu dans lequel les divinisations joueraient un rôle plus important qu'ailleurs. De fait, dans la religion romaine traditionnelle, les morts divinisés deviennent des dieux Mânes, survivant dans un au-delà à la représentation incertaine. Les victoires des *imperatores* de la fin de la République allaient poser la question du destin de ces hommes exceptionnels. Paradoxalement, c'est Cicéron, pourtant si attaché à la forme républicaine de l'État, qui le premier, donne dans *Le Songe de Scipion*, une forme philosophique et littéraire au désir d'immortalité des grands hommes en leur assignant, par le « catastérisme », c'est-à-dire la transformation en astres, une éternité lumineuse dans le firmament. César va plus loin, caressant sans doute le rêve d'être considéré comme un dieu vivant, ce qui fut l'une des causes de son assassinat. De là, la prudence d'Auguste qui veille à ce que la divinisation soit celle de l'empereur mort ou celle de son *genius*, autrement dit la part de divinité que tout homme porte en lui. De même, il lie ce culte à celui de la *Dea Roma*, vénérée dans les provinces. D'une manière générale, ces précautions furent mieux respectées à Rome que dans les provinces, tout comme la différence entre *divus*, qualificatif officiel de l'empereur mort, et *deus* s'estompe dans les textes littéraires et les inscriptions.

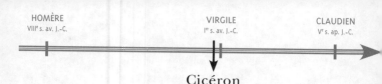

HOMÈRE
VIIIᵉ s. av. J.-C.

VIRGILE
Iᵉʳ s. av. J.-C.

CLAUDIEN
Vᵉ s. ap. J.-C.

Cicéron

Cicéron perdit sa fille Tullia en 45 avant J.-C., et sa peine fut immense. Il décida de lui construire un sanctuaire, pour l'édification duquel il demanda à Atticus de lui trouver un lieu. Sa sincérité ne peut être mise en doute, mais le moins qu'on puisse dire est que cette apothéose obéissait à des raisons complexes.

UN SANCTUAIRE POUR TULLIA

C'est un sanctuaire que j'entends édifier, et on ne m'en fera pas démordre. Si je m'applique à éviter toute ressemblance avec un tombeau, c'est moins en raison de l'amende légale que pour obtenir pleinement la divinisation. Je le pourrais à condition de construire dans l'enceinte de la maison ; mais, comme nous l'avons souvent dit, je redoute les changements de propriétaires. Sur les terres, où que je construise, je crois pouvoir obtenir que les générations futures obéissent au scrupule religieux. Il te faut supporter mon enfantillage – c'en est un, je l'avoue ; car je n'ai personne, même pas moi, à qui parler aussi librement qu'à toi. Mais, si tu approuves l'idée, et le lieu, et les dispositions, lis, s'il te plaît, le texte de la loi et envoie-le moi. Si un moyen de l'esquiver te vient à l'esprit, nous l'emploierons.

Lettres à Atticus, XII, 36, 1

Ce n'est pas tout de diviniser : il faut trouver un lieu pour construire un temple et cela peut se révéler très compliqué…

DE LA DIVINISATION AU FONCIER

Pour le sanctuaire, si tu ne me trouves vraiment pas de jardins – mais tu devrais en trouver si je te suis aussi cher que je le suis certainement –, j'approuve fort tes raisons en faveur de ma propriété de Tusculum. Si avisé sois-tu dans tes réflexions – et combien tu l'es ! –, cette idée n'aurait jamais pu te venir avec tant de bonheur à l'esprit si tu n'avais pas le souci majeur que j'obtienne ce que je désire ardemment. Mais, sans que je sache bien pourquoi, je tiens à un endroit fréquenté ; aussi faut-il absolument que tu me négocies des jardins. Ceux de Scapula sont dans un endroit très fréquenté, en outre ils sont proches de la Ville[1], ce qui permet d'éviter la journée entière dans une maison de campagne. Aussi voudrais-je à tout prix qu'avant ton départ tu rencontres Othon, s'il est à Rome. Si cela ne donne rien, bien que tu aies l'habitude de supporter mon extravagance, j'irai cette fois jusqu'à te mettre en colère : en effet, Drusus veut absolument vendre ; par conséquent, à défaut de toute autre solution, ce ne sera pas ma faute si j'achète. Épargne-moi ce faux-pas, je t'en prie ; or le seul moyen de me l'épargner, c'est que nous trouvions une possibilité pour le domaine de Scapula. Et ne manque pas de me faire savoir, s'il te plaît, combien de temps tu vas passer dans ta maison des environs.

Lettres à Atticus, XII, 37, 2

---

1. Il s'agit évidemment de Rome.

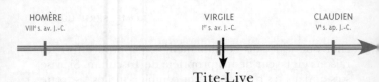

HOMÈRE
VIIIᵉ s. av. J.-C.

VIRGILE
Iᵉʳ s. av. J.-C.

CLAUDIEN
Vᵉ s. ap. J.-C.

Tite-Live

La légende de l'apothéose de Romulus, transformé en Quirinus, divinité protectrice des Romains, servit de socle à toutes les divinisations ultérieures. Le thème fut probablement élaboré au début du IIIᵉ siècle avant J.-C. Sa présence chez Tite-Live montre l'usage qu'en fit la propagande augustéenne.

APOTHÉOSE DE ROMULUS

Après ces immortels travaux, un jour que, pour passer en revue ses troupes, il tenait une assemblée dans la plaine au marais de la Chèvre, soudain éclata un orage accompagné de violents coups de tonnerre. Le roi fut enveloppé d'un nuage si épais qu'il disparut aux regards de l'assemblée. Depuis lors Romulus ne reparut plus sur terre. Les jeunes Romains se remettant, enfin, de leur frayeur avec le retour d'un jour pur et serein après un tel orage, et voyant le trône royal vide, étaient assez disposés à croire, d'après les Pères placés tout près du roi, qu'il avait été enlevé par l'orage. Néanmoins, frappés d'effroi, comme s'ils avaient perdu leur père, ils eurent un moment d'accablement muet. Puis, suivant l'exemple de quelques-uns, tous à la fois poussent des vivats en l'honneur de « Romulus, dieu et fis d'un dieu, roi et père de la ville de Rome ». Ils implorent son appui ; ils demandent que « sa faveur bienveillante étende toujours sa protection pour ses enfants ». Il y eut, je crois, dès ce moment quelques sceptiques qui soutenaient tout bas que le roi avait été mis en pièces par les Pères de leurs propres mains : en effet, cela s'est dit également, en grand mystère ; l'autre version fut popularisée par le prestige du héros et les dangers du moment. L'habileté d'un seul personnage contribua aussi, dit-on, à la faire adopter. La ville, inquiète, regrettait son roi et s'irritait contre les Pères, quand Proclus Julius, dont l'affirmation avait du poids, paraît-il, toute étrange qu'elle fût, se présente au peuple : « Romains », dit-il, Romulus, père de notre ville est descendu soudain du ciel, ce matin, au point du jour, et s'est offert à mes yeux ; et, comme je me tenais devant lui, plein de crainte et de respect, et lui demandais instamment la faveur de le regarder en face : « Va », m'a-t-il dit, « et annonce aux Romains que la volonté du ciel est de faire de ma Rome la capitale du monde. Qu'ils pratiquent donc l'art militaire. Qu'ils sachent et qu'ils apprennent à leurs enfants que nulle puissance humaine ne peut résister aux armes romaines. « À ces mots », dit-il, « il s'éleva dans les airs et s'en alla .» On ne saurait croire à quel point le personnage et son récit inspirèrent confiance et combien le regret de Romulus s'atténua dans le peuple et dans l'armée dès qu'on crut à son immortalité.

Histoire romaine, I, 16

HOMÈRE
VIIIe s. av. J.-C.

VIRGILE
Ier s. av. J.-C.

CLAUDIEN
Ve s. ap. J.-C.

Plutarque

L'excellent connaisseur des réalités romaines qu'était Plutarque ne pouvait pas ne pas donner sa version de cette apothéose.

VARIANTE GRECQUE

On dit qu'alors un des patriciens, l'un des plus nobles par sa naissance et des plus estimés pour son caractère, et de plus fidèle ami de Romulus, et qui était venu d'Albe avec lui, Julius Proclus, s'avança au milieu du forum et, tenant la main sur les objets les plus sacrés, jura devant tout le monde que, tandis qu'il cheminait, il avait vu Romulus venir à lui, plus beau et plus grand qu'il ne l'avait jamais vu auparavant, et paré d'armes brillantes comme le feu. Frappé de stupeur par ce spectacle : « Ô roi, lui dit-il, que t'est-il arrivé ? Dans quel dessein nous as-tu laissés, nous, en butte à des accusations injustes et méchantes, et la ville entière orpheline et plongée dans un abîme de deuil ? – Les dieux, répondit Romulus, ont voulu, Proclus, que nous habitions pendant un temps fixé parmi les hommes et qu'après avoir fondé une ville qui s'élèvera à l'empire et à la gloire la plus haute nous retournions habiter le ciel d'où nous sommes venus. Mais adieu, va dire aux Romains qu'en pratiquant la tempérance et en exerçant leur courage ils parviendront au plus haut degré de la puissance humaine. »

Vie de Romulus, XXVIII, 1-3

HOMÈRE
VIIIe s. av. J.-C.

VIRGILE
Ier s. av. J.-C.

CLAUDIEN
Ve s. ap. J.-C.

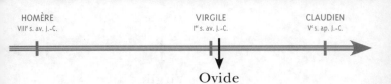

Ovide

*Ovide, qui eut à souffrir l'exil à la suite d'une déci-
sion d'Auguste, et dont* L'Art *d'aimer était à l'opposé de
l'ordre moral que le régime promouvait, s'inscrit à la fin des*
Métamorphoses *dans la perspective impériale. Ici, c'est Jupiter
lui-même qui annonce l'apothéose de César et le destin encore
plus exceptionnel d'Auguste.*

L'ANNONCE FAITE À VÉNUS

Celui pour qui tu prends tant de peine, Cythérée, a
fait son temps, il est parvenu au terme des années qu'il
devait à la terre. Il deviendra un dieu qui montera au ciel
et recevra un culte dans les temples ; ce sera ton œuvre
et celle de son fils, qui, héritier du nom, portera seul le
fardeau dont on l'aura chargé et qui, vengeur intrépide
de son père immolé, nous aura pour lui sur les champs
de bataille. Sous les auspices de ce grand homme, les
remparts de Modène assiégée s'avoueront vaincus et
demanderont la paix[1]; les champs de Pharsale senti-
ront la puissance de son bras et pour la seconde fois, en
Émathie, Philippes sera inondée de sang[2] ; un grand nom
subira une défaite dans les eaux de la Sicile ; l'épouse
égyptienne d'un général romain, trop confiante dans
son hymen, succombera, après avoir vainement menacé
d'asservir notre Capitole à son Canope. Que servirait de
t'énumérer les nations barbares qui s'étendent sur les
bords des deux océans ? Tout ce que porte la terre habi-
table appartiendra à ce héros ; la mer elle-même sera son
esclave.

Les Métamorphoses, XV, 816-819

1. Victoire d'Octave sur Antoine en 43 av. J.-C.
2. Ovide confond volontairement Pharsale, où César triompha de
Pompée en 48 av. J.-C., et Philippes, où Octavien fut vainqueur en 42.

119

HOMÈRE
VIIIᵉ s. av. J.-C.

VIRGILE
Iᵉʳ s. av. J.-C.

CLAUDIEN
Vᵉ s. ap. J.-C.

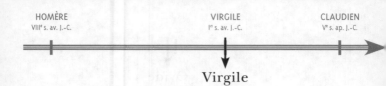

Virgile

La descente d'Énée aux Enfers permet à Virgile d'annoncer, avant même l'arrivée des Troyens en Italie, la divinisation future de César et celle d'Auguste, présenté comme supérieur encore à son père adoptif.

UNE ANNONCE INFERNALE

Ici maintenant tourne tes yeux, regarde cette nation, tes Romains. Ici César et toute la descendance d'Iule, telle qu'elle viendra sous la grande voûte du ciel. Cet homme, c'est celui dont tu entends si souvent redire qu'il t'est promis : Auguste César, fils d'un dieu : il rouvrira ce siècle d'or qu'au Latium jadis Saturne donna aux champs ; plus loin que les Garamantes[1] et les Indiens il dilatera notre empire ; par-delà les constellations, par-delà les chemins du soleil et de l'année, une terre s'étend où Atlas, le soutien du ciel, fait tourner sur son épaule la voûte émaillée d'étoiles ardentes. À la pensée qu'il approche, déjà maintenant les royaumes caspiens frissonnent aux oracles des dieux, frissonne aussi la terre Méotide[2], et du septuple Nil les bouches s'effraient et se troublent. Non, Alcide n'a point affronté tant de terres[3], quoiqu'il eût transpercé la biche aux pieds d'airain, pacifié les bois d'Érymanthe et de son arc fait trembler Lerne ; ni celui-là non plus qui, vainqueur, conduit son attelage avec des rênes de pampre, Liber[4], menant ses tigres depuis les hautes cimes de Nysa. Et nous hésitons encore à déployer notre valeur en grands exploits, ou quelque crainte nous retient de prendre pied en terre ausonienne ?

Énéide, VI, 788-807

---

1. Les Garamantes étaient un peuple lybico-berbère.
2. La terre Méotide correspond actuellement à la région de la mer d'Azov.
3. Alcide est une désignation d'Hercule.
4. Liber, autre nom de Bacchus.

HOMÈRE
VIIIe s. av. J.-C.

VIRGILE
Ier s. av. J.-C.

CLAUDIEN
Ve s. ap. J.-C.

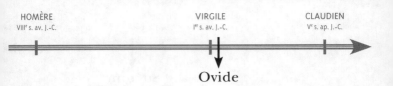

Ovide

Ovide décrit dans ces lignes le catastérisme de César, tout en flattant principalement Auguste. Néanmoins, dans les derniers vers de ses Métamorphoses, *il affirmera avec force l'existence d'un autre type d'éternité, celle que lui-même acquerra grâce à la gloire de son œuvre.*

QUELLE FAMILLE !

Il avait à peine fini de parler que la bonne Vénus s'arrête au milieu du palais du Sénat ; invisible pour tous, elle enlève du corps de son cher César l'âme qui vient de s'en séparer et, pour l'empêcher de se dissiper dans les airs, elle la porte au milieu des astres du ciel ; cependant elle s'aperçoit que cette âme s'illumine et s'embrase ; elle la laisse échapper de son sein ; l'âme s'envole au-dessus de la lune et, traînant après soi, à travers l'espace, une chevelure de flamme, elle prend la forme d'une étoile brillante ; lorsqu'elle voit de là-haut les exploits de son fils, elle reconnaît qu'ils surpassent les siens et se réjouit d'être vaincue par lui. Le fils défend que l'on mette ses grandes actions au-dessus de celles de son père ; mais la renommée qui est libre et n'obéit à aucun ordre le met malgré lui au-dessus ; elle ne lui résiste qu'en ce point. Ainsi la gloire d'Atrée le cède à celle du grand Agamemnon, ainsi Égée est vaincu par Thésée, Pélée par Achille ; enfin, pour prendre des exemples dignes de mes héros, c'est ainsi que Saturne est au-dessous de Jupiter ; Jupiter gouverne les hauteurs de l'éther et les trois royaumes du monde ; la terre est soumise à Auguste ; chacun d'eux est le père et le souverain de son empire.

Les Métamorphoses, XV, 843-854

HOMÈRE
VIIIᵉ s. av. J.-C.

VIRGILE
Iᵉʳ s. av. J.-C.

CLAUDIEN
Vᵉ s. ap. J.-C.

Suétone

Enivré par ses victoires et exploitant l'origine prétendument divine de sa famille, la gens Iulia, *César va très vite et très loin dans l'assimilation de sa personne à celle d'un dieu. Sa sympathie pour la philosophie épicurienne, qui considérait pourtant la vie politique comme un danger pour la sérénité de l'âme et qui condamnait la mythologie, ne semble pas l'avoir trop gêné dans ce processus.*

CÉSAR VA TROP LOIN

Cependant, certains autres de ses actes et de ses discours l'emportent dans la balance, de sorte qu'il passe pour avoir abusé de la toute-puissance et mérité d'être assassiné. Il ne lui suffit pas, en effet, d'accepter des honneurs excessifs, comme plusieurs consulats de suite, la dictature et la préfecture des mœurs à perpétuité, sans compter le prénom d'Imperator, le surnom de Père de la Patrie, une statue parmi celles des rois, une estrade dans l'orchestre ; il se laissa encore attribuer des prérogatives qui l'élevaient même au-dessus de l'humanité : il eut un siège d'or au Sénat et sur son tribunal, un char et une civière dans la procession du cirque, des temples, des autels, des statues à côté de celles des dieux, un lit de parade, un flamine, des luperques, et donna son nom à un mois ; de plus, il n'y eut pas de magistrature qu'il ne prît et n'attribuât au gré de sa fantaisie.

Vie des douze Césars, « César », 76

HOMÈRE
VIIIe s. av. J.-C.

VIRGILE
Ier s. av. J.-C.

CLAUDIEN
Ve s. ap. J.-C.

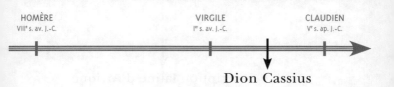

Dion Cassius

Après la mort de César, ses partisans firent tout pour lui donner le statut d'un dieu à part entière. On perçoit à quel point la divinisation était un enjeu politique majeur pour des hommes dont certains n'avaient aucune conviction religieuse.

CÉSAR N'ÉTAIT PAS UN MORTEL

Ils interdirent que l'on fît figurer dans les cortèges funèbres des gens de sa famille des représentations de lui, tradition antique qui était encore en vigueur, comme s'il était véritablement un dieu. Ils décidèrent qu'aucun homme qui se serait réfugié dans son temple pour y trouver asile ne pourrait en être extrait.

Histoire romaine, XLVII, 2

HOMÈRE
VIII° s. av. J.-C.

VIRGILE
I° s. av. J.-C.

CLAUDIEN
V° s. ap. J.-C.

Inscription latine d'Afrique

Cette inscription latine, sans doute contemporaine d'Auguste, montre que les provinces précédèrent la capitale dans la vénération de l'empereur vivant, qui est qualifié ici de deus *(dieu), et non simplement de* divus *(divin). Le détail est d'autant plus important que nous sommes ici dans une inscription au style très sec et non dans un texte littéraire.*

DES NÉGOCIANTS RESPECTUEUX

Au dieu Auguste[1], les citoyens romains qui font du commerce à Thinissut, sous la responsabilité de L. Fabricius

Inscriptiones Latinae Selectae, 9495

---

1. Pour l'utilisation littéraire de *deus*, voir Virgile, *Bucoliques*, I, 6-7.

Suétone

Soucieux de ne pas recommencer les erreurs de César, Auguste installe le culte impérial tout en veillant à préserver les apparences d'un ordre républicain. Il s'agit d'éviter la divinisation du prince de son vivant et d'associer son culte à celui de son génie ou à celui de Rome.

AUGUSTE MODESTE… EN APPARENCE

On élevait couramment des temples, il le savait bien, même à des proconsuls, et cependant il n'en accepta dans aucune province sans faire associer le nom de Rome au sien ; mais à Rome il refusa obstinément cet honneur ; il alla même jusqu'à faire fondre toutes les statues d'argent qui lui avaient été dressées autrefois, et avec la somme ainsi produite il consacra des trépieds d'or à l'Apollon Palatin. La dictature lui étant offerte avec une grande insistance par le peuple, il se mit à genoux, rejeta sa toge de ses épaules, et, la poitrine découverte, l'adjura de ne pas la lui imposer.

Vie des douze Césars, « Auguste », 52

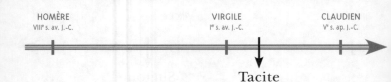

HOMÈRE
VIIIᵉ s. av. J.-C.

VIRGILE
Iᵉʳ s. av. J.-C.

CLAUDIEN
Vᵉ s. ap. J.-C.

Tacite

Tibère, qui tenait à donner l'impression d'être simplement le premier des citoyens, refusa une divinisation que ses deux prédécesseurs, César et Auguste, avaient, chacun à sa manière, installée dans la vie de l'État.

C'EST DANS LES CŒURS
QUE SE TROUVENT LES PLUS BEAUX TEMPLES

« Oui, pères conscrits, je suis mortel, les devoirs que je remplis relèvent des hommes, et il me suffit d'occuper la première place : de cela je vous prends à témoin et je veux que la postérité se souvienne ; elle rendra à ma mémoire un hommage plus que suffisant si elle pense que j'ai été digne de mes ancêtres, attentif au soin de vos affaires, ferme dans les périls, sans peur des ressentiments pour l'intérêt public. Tels sont mes temples, placés dans vos cœurs, telles sont mes plus belles statues, celles qui dureront ; car les ouvrages en pierre, si le jugement de la postérité tourne à la haine, sont méprisés à l'égal des tombeaux. Je supplie donc les alliés, les citoyens et les dieux mêmes, ceux-ci de m'accorder jusqu'à la fin de ma vie la paix de l'âme et l'intelligence des lois humaines et divines, ceux-là d'adresser, quand j'aurai quitté la terre, des louanges et de bons souvenirs à mes actions et à ma réputation. » Et il persista ensuite à repousser, même dans les entretiens confidentiels, ce culte de sa personne. Cette attitude, les uns l'expliquaient par sa réserve, beaucoup en soutenant qu'il se défiait de lui-même, certains comme la marque d'une âme basse. En effet, disait-on, les meilleurs des mortels aspirent aux plus hautes destinées : c'est ainsi qu'Hercule et Liber chez les Grecs, Quirinus chez nous ont été mis au nombre des dieux ; Auguste a mieux fait de savoir espérer. Tous les autres biens sont aussitôt à la disposition des princes ; un seul leur reste à se ménager inlassablement, laisser de soi un heureux souvenir : en effet, à mépriser la renommée, on méprise les vertus.

Annales, IV, 38, 1-4

TOUJOURS PLUS

Les réticences de Tibère, successeur d'Auguste, par rapport au culte impérial n'empêchent pas celui-ci de se développer, devenant l'un des piliers de l'Empire. Il est difficile d'établir dans quelle mesure les extravagances rapportées par les historiens à propos de certains empereurs correspondaient chez eux au sentiment d'être véritablement des dieux. À en croire Philon d'Alexandrie, qui eut le privilège peu enviable d'être pendant plusieurs mois le témoin direct de la vie de la cour de Caligula, celui-ci était réellement persuadé d'être un dieu comparable à ceux de l'Olympe, mais Philon, qui a un compte à régler avec cet empereur, peut-il être considéré comme un témoin fiable ? Il n'en demeure pas moins que le langage à cette époque est littéralement envahi par le thème de l'homme-dieu et que, dans les villes, allaient se multiplier des temples dédiés aux empereurs qui ne différaient pas de ceux consacrés aux divinités plus traditionnelles.

HOMÈRE
VIIIᵉ s. av. J.-C.

VIRGILE
Iᵉʳ s. av. J.-C.

CLAUDIEN
Vᵉ s. ap. J.-C.

Philon d'Alexandrie

En 38 après J.-C., les citoyens grecs d'Alexandrie, profitant de l'avènement de Caligula, qu'ils sentaient plus favorable à leur cause que ses prédécesseurs, déclenchèrent un violent pogrom contre les Juifs qui, dans leur immense majorité, ne disposaient pas de la citoyenneté. Pour tenter de fléchir Caligula, qui exigeait un culte que le monothéisme ne permettait pas, les Juifs lui envoyèrent une ambassade dont Philon faisait partie. Sa Legatio ad Caium *est à la fois un témoignage historique et un portrait à charge de l'empereur.*

CALIGULA TROIS-QUARTS DE DIEU

Il commença par s'assimiler à ceux qu'on appelle des demi-dieux, Dionysos, Héraclès, les Dioscures, en jetant le ridicule sur Trophonios, Amphiaraos, Amphiloque et autres semblables[1], ainsi que sur leurs oracles et leurs rites sacrés par comparaison avec sa propre puissance. Puis il se mit à prendre, comme au théâtre, selon les moments un accoutrement différent : tantôt une peau de lion et une massue, toutes deux dorées, pour s'équiper en Héraclès ; tantôt, des bonnets sur la tête pour jouer les Dioscures ; parfois aussi avec lierre, thyrse et peau de faon il jouait au Dionysos. Il pensait même l'emporter sur eux en ce que chacun d'eux avait ses prérogatives propres sans être à même d'en changer pour celles qui étaient imparties à d'autres, tandis que lui, par envie et par ambition, prétendait s'approprier celles de tous les autres réunis ou mieux encore, s'approprier ces prodigieuses personnalités elles-mêmes, non pas en se changeant en Géryon aux trois corps, pour égarer les

---

1. Trophonios était un héros béotien, Amphiaraos un héros et devin argien, Amphiloque un héros étolien. En tant que demi-dieu autoproclamé, Caligula se considérait comme supérieur aux héros.

spectateurs par la pluralité, mais, ce qui est le plus surprenant, en changeant dans sa forme et ses traits la substance d'un seul corps en de multiples formes, à la façon du Protée d'Égypte, dont Homère a fait un personnage susceptible de métamorphoses de toutes sortes, pour devenir les éléments et aussi ce qui en est composé : animaux et plantes.

Legatio ad Caium, 78

Dans la construction philonienne, la folie de Caligula culmine avec le moment où il s'identifie aux dieux olympiens.

ENFIN DIEU !...

Il y avait en lui une fureur, une démence qui l'égarait et le frappait à ce point que, franchissant le niveau des demi-dieux, il prétendit monter encore et se mesurer avec les adorations que reçoivent ceux qui sont regardés comme les plus grands et de pure souche : Hermès, Apollon, Arès. Comme Hermès d'abord, équipé de caducées, de sandales, de chlamydes, il fit ostentation d'ordre avec du désordre, de cohérence avec de la confusion et de logique avec du dérangement d'esprit. Ensuite, quand cela lui plaisait, il abandonnait cet accoutrement pour en prendre un autre et se métamorphoser en Apollon, en se ceignant la tête de couronnes radiées, serrant de la main gauche un arc et des flèches, et tendant de la droite les Charites[2], car il convient de présenter les bonnes choses de prime abord et de les mettre du côté favorable, à droite, et au contraire de mettre au second plan les châtiments et de leur attribuer la place la moins bonne, le côté gauche. Immédiatement prenaient place des chœurs bien

2. Les Charites sont les trois Grâces, Euphrosyne, Thalie et Aglaé, dont Caligula tenait les représentations de la main droite.

exercés qui chantaient des péans en son honneur, alors que peu auparavant ils le nommaient Bacchos, Évoé et Lyée, dans les hymnes dont ils l'honoraient à l'heure où il portait la tenue de Dionysos. Souvent aussi, vêtu d'une cuirasse, l'épée au poing, il s'avançait avec un casque et un bouclier, salué du nom d'Arès ; et de chaque côté les fidèles de cet étrange « nouvel Arès » lui faisaient escorte, un thiase d'assassins et de bourreaux, décidés à rendre de vilains services à un tueur assoiffé de sang humain.

Legatio ad Caium, 93-97

Les Juifs, qui avaient, en règle générale, entretenu de bonnes relations avec les prédécesseurs de Caligula, se trouvaient pris dans une impasse. La vocation du culte impérial à devenir la religion de l'Empire tout entier ne leur permettait plus de concilier leur foi monothéiste et leur acceptation du pouvoir romain.

… MAIS PAS POUR TOUT LE MONDE

Un peuple cependant faisant exception, celui des Juifs : on soupçonnait qu'il allait faire de l'opposition, parce qu'il a toujours estimé comme équivalant à l'immortalité les occasions d'accepter la mort pour de ne pas laisser violer la moindre des prescriptions traditionnelles, si mince fût-elle, comme cela se passe dans les bâtiments, où, à la suppression d'un seul élément, ce qui semblait tenir encore debout solidement cède à l'endroit dégarni et s'effondre en ruines.

Or il n'y allait pas d'une petite affaire, mais au contraire de la plus importante des réalités : qu'une nature engendrée et mortelle d'homme fût façonnée pour paraître un dieu inengendré et incorruptible, chose que ce peuple tenait précisément pour la plus atroce des impiétés – car un dieu se transformerait plus facilement en homme qu'un homme en dieu – sans compter

l'acceptation de tous les autres vices les plus abomina-
bles : l'incrédulité et en même temps l'ingratitude à
l'égard du bienfaiteur de tout l'univers.

Legatio ad Caium, 117-118
Texte établi et traduit par A. Pelletier,
Paris, Le Cerf, « Sources chrétiennes », 1972

HOMÈRE
VIIIe s. av. J.-C.

VIRGILE
Ier s. av. J.-C.

CLAUDIEN
Ve s. ap. J.-C.

Lucilius Aemilius Rectus

Dans cet édit, en date du 10 novembre 41, le préfet d'Égypte porte à la connaissance de la population alexandrine la lettre adressée par l'empereur Claude à la cité, en réponse aux félicitations que celle-ci lui avait adressées à l'occasion de son accession au trône. Il ne s'agissait pas d'une simple formalité, car Claude voulait imposer la paix romaine à une cité déchirée par le conflit entre Juifs et Grecs.

À LA POPULATION D'ALEXANDRIE

Proclamation de Lucilius Aemilius Rectus

Puisque, en raison de son nombre, toute la population de la ville n'a pas pu assister à la lecture de la lettre très sainte et très bienveillante, j'ai pensé qu'il était nécessaire de la publier de façon à ce que chacun d'entre vous puisse la lire et ainsi admirer la grandeur de notre dieu César, de façon à ce que vous éprouviez de la reconnaissance pour sa sollicitude à l'égard de notre cité. La seconde année du règne de Tibère Claude César Auguste Germanicus, le 14 du mois de Neos Sebastos.

Corpus Papyrorum Judaicarum, II, 153, 1

HOMÈRE
VIIIᵉ s. av. J.-C.

VIRGILE
Iᵉʳ s. av. J.-C.

CLAUDIEN
Vᵉ s. ap. J.-C.

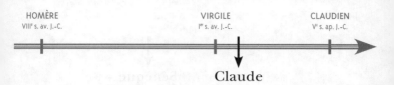

Claude

Par tempérament personnel, Claude était certainement bien éloigné des extravagances de Caligula. Néanmoins, il a compris l'usage qu'il pouvait faire du culte impérial pour asseoir l'autorité de Rome. Cela est particulièrement clair dans ce passage de la Lettre aux Alexandrins *où il accepte les honneurs divins.*

CLAUDE NE REFUSE PAS LES HONNEURS

J'ai accepté avec joie les honneurs que vous m'avez attribués, bien que je n'aie pas beaucoup de goût pour ces choses. Tout d'abord, je vous autorise à considérer mon anniversaire comme un jour sacré, ainsi que vous me l'avez demandé, et je vous autorise à ériger en divers endroits des statues de moi et de ma famille. Je vous vois en effet désireux d'établir partout des monuments témoignant de votre piété à l'égard de ma famille. Des deux statues en or, celle de la Pax Augusta Claudiana, que j'étais tenté de refuser car elle me semblait excessive, sera érigée à Rome, comme le très honorable Barbillus l'a suggéré et imploré, tandis que l'autre sera portée en procession dans votre cité les jours de ma fête, de la manière que vous estimerez la meilleure, et un trône y figurera avec elle, comme vous me l'avez demandé.

Corpus Papyrorum Judaicarum, II, 153, 2

HOMÈRE
VIIIe s. av. J.-C.

VIRGILE
Ier s. av. J.-C.

CLAUDIEN
Ve s. ap. J.-C.

Sénèque

Après la mort de Claude, le 13 octobre 54 de notre ère, un pamphlet commença de circuler anonymement à Rome. Sénèque, que cet empereur avait relégué pendant huit ans en Corse, en était l'auteur, à en croire Dion Cassius[1], mais aucun des manuscrits ne porte ni titre ni nom d'auteur. La signification même du mot apocoloquintose fait problème si bien que le sens exact de cette « transformation en citrouille » demeure controversé.

QUE FAIRE DE CLAUDE ?

Dis-nous seulement quelle sorte de dieu tu veux qu'on fasse de cet individu. On ne peut en faire *** [un dieu épicurien, qui n'éprouve lui-même aucun ennui et qui n'en cause à personne]. Un dieu stoïcien ? Comment pourrait-il être rond et, pour parler comme Varron, n'avoir ni tête ni prépuce ? Il y a pourtant en lui quelque chose du dieu stoïcien, je m'en aperçois maintenant : c'est qu'il est sans cœur ni tête. Quand il aurait, par Hercule ! sollicité cette faveur de Saturne, dont ce prince de Saturnales célébrait le mois toute l'année, il ne l'eût pas obtenue. Comment l'obtiendrait-il de Jupiter, qu'il condamna – autant qu'il dépendait de lui – pour inceste ? Car pour quelle cause, je vous prie, mit-il à mort son gendre Silanus ? Parce qu'ayant pour sœur la plus délicieuse fille du monde, qu'on appelait partout Vénus, il aima mieux l'appeler Junon.

L'Apocoloquintose du divin Claude, VIII, 1-2

1. *Histoire romaine*, LX, 35, 3.

Dans cette satire qui n'épargne personne, les débats des dieux sont représentés sur le modèle des délibérations du Sénat.

UN DÉBAT ANIMÉ

« Puisque le Divin Claude est parent par le sang du Divin Auguste, et pareillement de la Divine Augusta, sa grand-mère, dont il a lui-même fait une déesse, qu'il sur-passe de beaucoup tous les autres mortels en sagesse et qu'il importe à la république que Romulus ait quelqu'un qui l'aide à « avaler ses raves bouillantes », je propose que le Divin Claude soit déifié à dater de ce jour, avec tous les privilèges de ceux qui ont été le plus favorisés avant lui, et que cet événement soit ajouté aux *Métamorphoses* d'Ovide ». Les avis étaient partagés, mais Claude sem-blait l'emporter. Car Hercule, voyant que son fer chauf-fait, courait de-ci, courait de-là, et disait : « Ne me refuse pas, je tiens beaucoup à cette affaire ; quand tu auras besoin de quelque chose, je te rendrai la pareille : une main lave l'autre. »

Alors le Divin Auguste se leva, son tour de parole étant venu, et traita la question avec la plus grande éloquence : « Pères conscrits, vous m'êtes témoins que depuis mon apothéose je n'ai jamais dit un seul mot. Je ne m'occupe que de mes affaires. Mais je ne saurais dissimuler davantage, ni contenir plus long-temps une douleur que la honte rend encore plus vive. Est-ce pour en arriver là que j'ai rétabli la paix sur terre et sur mer ? Si j'ai réprimé les guerres civi-les, si j'ai raffermi les lois de Rome, si je l'ai ornée de monuments, était-ce pour que… Je ne trouve pas de mots pour m'exprimer, pères conscrits ; toute parole est au-dessous de mon indignation. Tout ce que je puis faire est de reprendre ici l'expression si éloquente de Messala Corvinus : "Le pouvoir me fait honte." Ce misérable, pères conscrits, qui vous paraît incapable de donner la chasse à une mouche, tuait les hommes avec autant de facilité que le chien sort du cornet[2]. Mais rappellerai-je le nombre et la qualité de ses victimes ? Je n'arrive plus à pleurer sur les désastres publics quand je considère les malheurs de ma famille. Aussi négligerai-je les uns et ne vous parlerai-je que des autres ; car *** [3] a beau ne pas savoir le grec, moi je le sais : ἔγγιον γόνυ κνήμης [le genou est plus près que le mollet][4]. Le personnage que vous voyez, qui pendant tant d'années s'est caché sous mon nom, m'en a remercié en tuant deux Julies, mes petites-filles, l'une par le fer, l'autre par la faim, et un de mes arrière-petits-fils, L. Silanus : tu jugeras, Jupiter, si la cause était bonne ; c'était en tout cas la tienne, si tu veux être juste. Dis-moi, Divin Claude, comment as-tu pu condamner l'un quelconque de ceux et de celles que tu as fait mourir sans instruire leur procès, sans les entendre ? Où les choses se passent-elles ainsi ? Non pas au ciel, assurément. »

L'Apocoloquintose du divin Claude, IX, 5-10, 4

2. Le chien est, dans le jeu de dés romain, le double as, autrement dit le plus mauvais coup possible.

3. Texte inintelligible.

4. Ce proverbe est mentionné par Aristote, *L'Éthique à Nicomaque*, IX, 8, 2 et repris par de nombreux auteurs après lui.

HOMÈRE
VIIIe s. av. J.-C.

VIRGILE
Ier s. av. J.-C.

CLAUDIEN
Ve s. ap. J.-C.

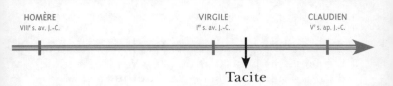

Tacite

Les sénateurs se font des illusions en attribuant de bonnes dispositions à Néron. Les débuts de cet empereur furent certes prometteurs, comme l'atteste le De clementia *de Sénèque, bel exemple des illusions que les philosophes peuvent parfois entretenir à propos du pouvoir politique. La suite n'en apparut que plus catastrophique.*

TOUT FAUX !

Mais au Sénat tous ces événements furent exagérés dans les interventions de ceux qui proposèrent de voter des supplications et de décerner au prince pendant les jours de supplications le vêtement triomphal, qu'il entrât dans la Ville avec les honneurs de l'ovation et qu'une statue aussi grande que celle de Mars Ultor lui fût érigée dans le temple de ce dieu ; à l'esprit habituel d'adulation s'ajoutaient la joie de voir Domitius Corbulon préposé au maintien de l'Arménie et l'impression que la carrière était ouverte aux vertus.

Annales, XIII, 8, 1

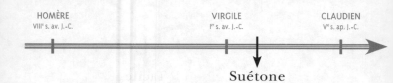

HOMÈRE
VIIIe s. av. J.-C.

VIRGILE
Ier s. av. J.-C.

CLAUDIEN
Ve s. ap. J.-C.

Suétone

*La folie de Néron prenait souvent la forme de l'histrionisme,
ce qui le conduisait à se mettre en scène en émule des dieux.*

UN HISTRION

Mais il avait surtout la passion de la popularité et prétendait rivaliser avec tous ceux qui, à un titre quelconque, possédaient la faveur de la foule. Après ses succès au
théâtre, le bruit se répandit qu'au prochain lustre il des-
cendrait dans l'arène parmi les athlètes, aux Jeux olympiques ; de fait, il s'exerçait régulièrement à la lutte et
dans toute la Grèce il n'avait jamais assisté aux concours
gymniques sans se tenir assis à terre dans le stade, à la
façon des arbitres, ramenant parfois de ses propres
mains au milieu de l'arène les couples qui s'en écartaient
trop. Voyant qu'on le mettait au niveau d'Apollon pour
le chant, et du Soleil, pour la conduite des chars, il avait
même résolu d'imiter aussi les exploits d'Hercule ; il
avait, dit-on, fait préparer un lion qu'il devait, paraissant
tout nu dans l'arène de l'amphithéâtre, soit assommer
à coups de massue, soit étouffer entre ses bras, sous les
regards du peuple.

Vie des douze Césars, « Néron », LIII, 1-3

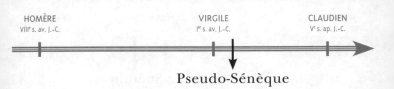

HOMÈRE
VIIIe s. av. J.-C.

VIRGILE
Ier s. av. J.-C.

CLAUDIEN
Ve s. ap. J.-C.

Pseudo-Sénèque

*Plus personne ne croit qu'*Octavie, *tragédie mettant en scène des personnages historiques romains, ait été écrite par Sénèque. Néanmoins le philosophe y joue un rôle important face à un Néron bien différent de celui auquel s'adressait le* De clementia.

UN PEU DE CLÉMENCE !

SÉNÈQUE. – Il est beau d'avoir une place éminente parmi les hommes illustres, de veiller au bien de sa patrie, d'épargner ceux qui sont terrassés, de s'abstenir de féroces carnages, de donner du répit à sa colère, du repos à l'univers, la paix à son siècle. Telle est la vertu suprême, la voie par où l'on accède au ciel. Ainsi, Auguste, le premier père de la patrie, a atteint les astres, et on l'honore dans les temples comme un dieu. Pourtant la Fortune l'a longtemps ballotté sur terre et sur mer parmi les pénibles vicissitudes de la guerre, jusqu'au moment où il a écrasé les ennemis de son père : à toi elle a soumis, sans faire couler de sang, sa puissance, elle t'a donné d'une main complaisante les rênes de l'Empire et a assujetti terres et mers à ta volonté. La sombre envie, vaincue par une affection unanime, s'en est allée ; la sympathie du Sénat et de l'ordre équestre s'est enflammée ; les vœux de la plèbe et le jugement des sénateurs t'ont proclamé auteur de la paix, arbitre du genre humain, et tu diriges l'univers de ton inspiration sacrée, en père de la patrie : Rome te demande de préserver ce nom et te confie ses citoyens.

Octavie, 472-491

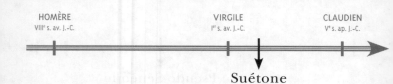

HOMÈRE
VIIIᵉ s. av. J.-C.

VIRGILE
Iᵉʳ s. av. J.-C.

CLAUDIEN
Vᵉ s. ap. J.-C.

Suétone

La fin désastreuse du règne de Néron n'empêcha pas Vitellius, l'un des quatre empereurs de l'année 69, de lui rendre hommage en sacrifiant à ses mânes. De la République à l'Empire, la religion romaine demeura étroitement liée à la vie de l'État.

UN ÉTRANGE MODÈLE

Enfin, il entra dans Rome, au son de la trompette, vêtu d'un manteau de général et le glaive à la ceinture, entouré d'enseignes et d'étendards, ses compagnons portant des casaques militaires et ses soldats tenant leurs armes découvertes. Ensuite, dédaignant toujours davantage toute loi divine et humaine, il prit possession du souverain pontificat le jour anniversaire du désastre de l'Allia, fit des élections pour dix ans et se nomma consul perpétuel. Et, afin que personne ne pût avoir de doute sur le modèle qu'il se choisissait pour gouverner l'Empire, il offrit en plein Champ de Mars, avec une foule de prêtres des cultes officiels, un sacrifice aux mânes de Néron ; d'autre part, dans un festin solennel, il invita devant tout le monde un citharède en vogue « à faire entendre aussi quelque morceau tiré du *Dominicum* ¹ », et, quand le musicien entonna les chants de Néron, tout transporté de joie, il applaudit même le premier.

Vie des douze Césars, « Vitellius », XI, 1-3

1. Il s'agit d'un ensemble de poèmes dont Néron était l'auteur.

142

Le solide bon sens de Vespasien, qui régna de 69 à 79, le mettait à l'abri de toute illusion sur sa nature divine.

UN SCEPTIQUE

Même la crainte de la mort et sa menace pressante ne l'empêchèrent point de plaisanter. En effet, comme, entre autres prodiges, le Mausolée s'était ouvert subitement et qu'une comète avait fait son apparition dans le ciel, il déclarait que le premier présage s'appliquait à Junia Calvina, une descendante d'Auguste, et le second, au roi des Parthes, qui était chevelu ; puis, dès qu'il fut touché par la maladie, il dit : « Malheur ! je crois que je deviens dieu ! »

Vie des douze Césars, « Vespasien », XXIII, 7

Comme plus tard les rois de France étaient censés guérir les écrouelles, Vespasien renforça la majesté impériale, qui lui faisait quelque peu défaut, en rendant la santé à deux infirmes. On notera que le dieu qui les envoie à lui n'appartient pas au panthéon romain. Sérapis est en effet une divinité gréco-égyptienne créée à l'époque hellénistique, dans un souci de syncrétisme religieux.

MIRACLES À LA PELLE

Le prestige et comme une sorte de majesté manquaient à Vespasien, du fait de son élévation inattendue et encore récente ; ils lui furent donnés eux aussi. Deux hommes du peuple, dont l'un était aveugle et l'autre avait une jambe infirme, vinrent le trouver en même temps, pendant qu'il siégeait sur son tribunal, et le supplièrent de faire, pour les guérir, ce que Sérapis leur avait indiqué en songe : il rendrait à l'aveugle l'usage de ses yeux s'il les humectait de salive ; à la jambe infirme, sa vigueur s'il daignait la toucher avec le pied. Comme il était à peine croyable que cette cure eût la moindre chance de réussir, Vespasien n'osait même pas l'essayer ; mais enfin, sur les exhortations de ses amis, il tenta publiquement devant l'assemblée cette double expérience, et le succès la couronna. Vers la même époque, à Tégée, en Arcadie, sur l'indication des devins, on retira du sol dans un lieu consacré des vases d'un travail antique, sur lesquels il y avait une figure tout à fait semblable à celle de Vespasien.

Vie des douze Césars, « Vespasien », VII, 4-7

Domitien régna de 81 à 96 et fut surnommé par Juvénal « le Néron chauve ». À en croire Suétone, historien dont l'impartialité est pour le moins sujette à caution, il se montra particulièrement intransigeant dans la divinisation de sa personne.

JEU DE MIROIRS

Il institua également, en l'honneur de Jupiter Capitolin, un concours quinquennal triple, à la fois musical, équestre et gymnique, avec un nombre de lauréats notablement plus grand qu'aujourd'hui. À ce concours prenaient part, en effet, même des écrivains de prose grecque ou latine, et non seulement des citharèdes, mais encore des citharistes d'accompagnement et de simples citharistes, et, pour la course du stade, jusqu'à des jeunes filles. Il le présida, chaussé de sandales, vêtu d'une toge de pourpre de façon grecque, la tête ceinte d'une couronne d'or portant les effigies de Jupiter, de Junon et de Minerve, ayant à ses côtés le flamine de Jupiter et le collège des prêtres flaviens, vêtus comme lui, si ce n'est que leurs couronnes portaient en outre sa propre image.

Vie des douze Césars, « Domitien », XIV, 8-10

*Le culte impérial n'est pas une simple mise en scène, il enva-
hit progressivement le langage administratif de l'État, comme le
montre cette nouvelle lubie de Domitien.*

UN EMPEREUR TRÈS EXIGEANT

Bien plus, lors du concours capitolin, comme tous
les spectateurs ensemble, d'une voix unanime, le sup-
pliaient de faire rentrer au Sénat Palfurius Syra, qu'il en
avait autrefois exclu et qui venait d'obtenir la couronne
d'éloquence, il se contenta, sans daigner leur répondre,
de faire imposer silence par un crieur. Avec non moins
d'outrecuidance, dictant une lettre circulaire au nom de
ses agents, il débuta de la sorte : « Notre maître et notre
dieu ordonne ce qui suit. » Aussi désormais fut-il établi
que personne, même dans un écrit et dans un entretien, ne le désignerait autrement. Il ne se laissa ériger au
Capitole que des statues d'or ou d'argent et d'un poids
déterminé. Il fit construire dans les diverses régions de
la ville un tel nombre de voûtes et d'arcs de triomphe
énormes, surmontés de quadriges et des insignes de ses
victoires, que sur l'un d'entre eux on inscrivit en grec :
« Suffit. »

Vie des douze Césars, « Domitien », XIII, 3-7

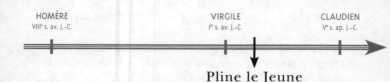

HOMÈRE
VIIIᵉ s. av. J.-C.

VIRGILE
Iᵉʳ s. av. J.-C.

CLAUDIEN
Vᵉ s. ap. J.-C.

Pline le Jeune

S'adressant à son protecteur et ami, Trajan, Pline le Jeune reprend le thème de la double administration du monde, avec un dieu d'en haut et un dieu d'en bas. Le monde sublunaire est aussi agité que celui des astres est serein.

IL SAIT TOUT FAIRE

Ô soins qui sont bien d'un vrai prince, et même d'un dieu, réconcilier des cités rivales, apaiser les peuples en effervescence moins par autorité que par raison, réparer les injustices des magistrats, annuler tout ce qui n'aurait pas dû être fait, enfin à l'instar du plus rapide des astres tout voir, tout entendre et d'où qu'on l'invoque, aussitôt, comme un être surnaturel, y être et y être utile. C'est ainsi, je le croirais, que le père du monde règle tout d'un signe de sa tête, quand il jette ses regards sur la terre et daigne compter les destins humains parmi les occupations divines ; désormais libre et dispensé de cette partie, il ne s'occupe plus que du ciel, depuis qu'il t'a donné à nous pour remplir son rôle à l'égard du genre humain tout entier. Tu le remplis et tu es digne de qui te l'a confié, puisque chacune de tes journées s'écoule pour notre plus grand bien et pour ta plus grande gloire.

Panégyrique de Trajan, 3-5

HOMÈRE
VIIIe s. av. J.-C.

VIRGILE
Ier s. av. J.-C.

CLAUDIEN
Ve s. ap. J.-C.

Histoire Auguste

*L'auteur de l'*Histoire Auguste, *peut-être Nicomaque Flavien, qui vécut dans la seconde moitié du IVe siècle, n'éprouve pas, c'est le moins qu'on puisse dire, la même sympathie que Marguerite Yourcenar pour l'amour d'Hadrien et d'Antinoüs.*

UN AMI FIDÈLE

Tandis qu'il naviguait sur le Nil, il perdit son cher Antinoüs et il le pleura comme une femme. À ce sujet, il existe différentes rumeurs : on affirme tantôt que celui-là s'offrit en sacrifice pour Hadrien, tantôt ce qu'indiquent clairement à la fois sa beauté et le goût excessif du plaisir chez Hadrien. En tout cas, les Grecs, avec l'assentiment d'Hadrien, le divinisèrent, affirmant que par son intermédiaire étaient rendus des oracles qu'Hadrien, à ce qu'on colporte, avait lui-même composés.

Histoire Auguste, « Vie d'Hadrien », XIV, 5-7

En consacrant un peu partout des temples à son nom, Hadrien consolide le culte impérial comme ciment de l'unité de l'Empire. D'où sa férocité dans la répression des Juifs, qui étaient la seule nation à refuser le principe même de ce culte.

ON N'EST JAMAIS SI BIEN SERVI QUE PAR SOI-MÊME

Ensuite, il se rendit par mer en Sicile, où il fit l'ascension du mont Etna pour voir le lever du soleil aux couleurs variées, dit-on, comme celles d'un arc-en-ciel. De là, il vint à Rome, d'où il passa en Afrique, accordant de nombreux bienfaits aux provinces africaines. Et presque aucun prince ne parcourut si vite tant de pays. Enfin, après être revenu d'Afrique à Rome, il partit aussitôt pour l'Orient ; il fit route par Athènes et dédia les monuments qu'il avait commencés chez les Athéniens, tel le temple de Jupiter Olympien et un autel, en son propre honneur ; de la même façon, en faisant route par l'Asie, il consacra des temples à son nom.

Histoire Auguste, « Vie d'Hadrien », XIII, 3-6

Représenté souvent comme une période de débauches, l'Empire romain fut aussi la période dans laquelle, avec des penseurs comme Sénèque ou Musonius Rufus, se créa une véritable philosophie du mariage exaltant la valeur de la fidélité entre époux. Auguste les avait précédés en légiférant dans le sens de la réhabilitation du mariage.

QUELLE FEMME… ET QUEL MARI !

Durant la troisième année de son règne, il perdit sa femme Faustine ; elle fut divinisée par le Sénat, qui lui offrit des jeux du cirque, un temple, des prêtresses flamines, des statues d'or et d'argent ; et de plus Antonin lui-même consentit à ce que l'effigie de Faustine fût exposée lors de tous les jeux du cirque.

Histoire Auguste, « Vie d'Antonin le Pieux », VI, 7

En 218, le tout jeune Varius, qui se faisait appeler Marcus Aurelius Antoninus, devenait empereur à l'âge de quatorze ans. Celui que la tradition a retenu sous le nom d'Héliogabale, l'« anarchiste couronné » d'Antonin Artaud, a été considéré par les historiens comme un empereur dément. Il était grand prêtre du dieu solaire d'Émèse, en Syrie.

UN DRÔLE DE MONOTHÉISME

Antonin fut salué empereur avec l'accord et la confiance passionnée de tous. Il en va ainsi des vœux que forment les hommes prompts à la crédulité quand ils désirent la réalité de ce qu'ils souhaitent ! Mais, aussitôt entré dans Rome, délaissant les affaires de l'administration provinciale, il sacralisa Héliogabale au Palatin, à côté des appartements impériaux, et lui fit bâtir un temple. Il voulait y transférer l'image de la Grande Mère, le feu de Vesta, le Palladium, les boucliers sacrés et tout ce que les Romains vénèrent, afin qu'aucun dieu ne fût honoré à Rome en dehors d'Héliogabale. Il disait aussi qu'il fallait y transférer les liturgies des Juifs et des Samaritains, outre le culte chrétien : le sacerdoce d'Héliogabale devait monopoliser le mystère de tous les cultes !

Histoire Auguste, « Vie d'Héliogabale », III, 3-4

HOMÈRE
VIIIe s. av. J.-C.

VIRGILE
Ier s. av. J.-C.

CLAUDIEN
Ve s. ap. J.-C.

Mamertin

L'empereur Maximien, communément appelé Maximien Hercule de son vivant, régna de 285 à 305, d'abord comme empereur adjoint, avec le titre de César, puis comme Auguste, partageant le pouvoir avec Dioclétien. Son règne fut consacré à d'interminables campagnes militaires.

MAXIMIEN EN FAIT TROP

Les jours mêmes où vous avez inauguré la dignité impériale sont des jours vénérables et sacrés parce qu'ils nous ont révélé de si nobles empereurs, mais les vertus du moins dont vous faites la parure de cette dignité même, ce sont vos deux jours de naissance qui les ont créées en vous. Ces jours-là, très saint empereur, toutes les fois que le cours des années les ramène, nous les célébrons avec tout le respect dû à vos personnes ainsi qu'à vos divinités, car vous donnez la preuve de votre ascendance divine par vos noms sans doute, mais beaucoup plus par vos vertus dont l'activité infatigable et l'ardeur sont réglées par une puissance divine qui vous conduit par toute l'étendue du monde soumis à vos lois dans de telles expéditions que notre affection toujours inquiète pour vous a pris récemment la liberté de faire entendre de pieuses doléances.

Panégyriques latins, III, II, 2-4

Dans ce panégyrique, les empereurs sont des dieux à l'œuvre parmi les humains. Les panégyriques n'étaient pas seulement des morceaux d'éloquence d'apparat, ils servaient aussi à définir et à propager les grandes orientations du pouvoir impérial.

À CHAQUE EMPEREUR SON DIEU

Et puis surtout ces dieux qui sont vos pères, de qui vous tenez vos noms et vos empires, sont occupés sans fin à l'accomplissement des plus grandes tâches. Le dieu de qui est issu Dioclétien, non content d'avoir jadis empêché les Titans de s'emparer du ciel et d'avoir ensuite livré bataille contre les monstres à double forme, gouverne, d'un soin ininterrompu, son empire tout pacifié qu'il soit, fait tourner d'une main infatigable cette masse énorme et assure avec une vigilance extrême l'ordre et la succession de tous les phénomènes. Il ne s'agit pas seulement quand il fait retentir le tonnerre et qu'il lance la foudre, mais, même lorsqu'il a réduit à la soumission les éléments révoltés, il ne laisse pas pour autant de régler les destins, d'exhaler de son sein paisible les brises qui glissent silencieusement et d'entraîner dans la révolution du ciel le Soleil doué d'un mouvement inverse. Il en est de même, Maximien, de ton ancêtre Hercule.

Panégyriques latins, III, III, 3-6

LES DIEUX DES GRECS ET DES ROMAINS[1]

APHRODITE/VÉNUS. Déesse de l'Amour et de la Fécondité, Aphrodite est née de la mer. Elle a pour symbole la pomme, la grenade et la colombe. Les Romains la vénèrent sous le nom de Vénus.

APOLLON. Le dieu des Arts, des Oracles et du Soleil, est aussi un archer redoutable semant la mort et la peste. Fils de Zeus, il a pour sœur jumelle Artémis/Diane, déesse de la Chasteté, de la Chasse et de la Lune.

ARÈS/MARS. Le dieu de la Guerre n'est guère apprécié des Grecs, qui le nomment Arès, mais il l'est davantage des Romains, qui le révèrent sous le nom de Mars, et font de lui le père du fondateur de Rome.

ATHÉNA/MINERVE. Déesse guerrière, Athéna, Minerve pour les Romains, est née en armes du crâne de Zeus. Déesse de l'Intelligence, elle a pour emblème la chouette. Elle a donné aux hommes l'olivier.

DÉMÉTER/CÉRÈS. Déméter, Cérès pour les Latins, est la déesse de la Fertilité. Elle a donné aux hommes la culture du blé, et les a initiés à des mystères, célébrés à Éleusis.

DIONYSOS/BACCHUS. Dieu du Théâtre, de la Folie et de l'Ivresse, Dionysos, Bacchus pour les Romains, a donné le vin aux hommes. Muni d'un bâton, le thyrse, il guide le cortège des femmes vouées à son culte, les bacchantes ou les ménades.

---

1. Voir dans la même collection le *Panthéon en poche. Dieux et déesses de l'Antiquité.*

HADÈS/PLUTON. Hadès, nommé Pluton par les Romains, est le souverain des morts. Il habite les Enfers. Sa demeure est gardée par Cerbère, un chien monstrueux à trois têtes. Il est aussi le maître des richesses et des profondeurs de la terre.

HÉPHAÏSTOS/VULCAIN. Le dieu de la Forge est révéré par les Grecs sous le nom d'Héphaïstos. Les Romains l'appellent Vulcain. Boiteux, le plus laid des dieux est marié à la plus belle et la plus volage des déesses, Aphrodite/Vénus. Il est le protecteur des artisans.

HÉRA/JUNON. L'épouse de Zeus est célèbre pour ses colères et pourchasse les conquêtes innombrables de son époux. Le paon et la génisse lui sont consacrés. Les Romains la révèrent sous le nom de Junon. Elle protège la vie féminine et le mariage.

HERMÈS/MERCURE. Hermès, que les Romains appellent Mercure, est le dieu du Voyage, du Commerce, des marchands et des voleurs. Muni de sandales ailées, il est le messager des dieux. Il a aussi pour mission de conduire les défunts aux enfers. Il est dit alors psychopompe, « qui guide les âmes ».

HESTIA/VESTA. Hestia, Vesta pour les Romains, est la déesse des Foyers, symbolisée par la flamme de ses temples, que ses prêtresses, les vestales, doivent conserver.

POSÉIDON/NEPTUNE. Poséidon, Neptune pour les Romains, est le dieu des Mers et des Tremblements de terre. Ombrageux et versatile, il a pour emblèmes le cheval et le taureau. Avec son trident, il déchaîne les tempêtes.

ZEUS/JUPITER. Père des dieux, Zeus, Jupiter pour les Romains, est le maître de la foudre et du tonnerre. Son oiseau est l'aigle et il détient l'égide, un bouclier qui a le pouvoir d'effrayer ses adversaires.

LES AUTEURS DU « SIGNET »[1]

Alcinoos (*c.* 150)

Ce philosophe médioplatonicien, auteur du *Didaskalikos,* nous est autrement inconnu. Il est fréquemment identifié au médioplatonicien Albinos, moins souvent au stoïcien Alcinoos ou au platonicien Alcinous, mentionné par Photius. Le platonisme d'Alcinoos se caractérise par la place ambiguë qu'y joue le stoïcisme, doctrine évidemment combattue, mais dont l'influence est incontestable.

Apollonios de Rhodes (IIIe siècle av. J.-C.)

Né à Alexandrie vers 295 avant J.-C., Apollonios fut le précepteur de Ptolémée III Évergète avant de devenir, comme Callimaque, directeur de la bibliothèque d'Alexandrie. Pour des raisons qui nous sont inconnues, il s'exile à Rhodes, ajoutant à son nom celui de la ville qui l'avait accueilli. C'est dans cette cité qu'il finit ses jours. Grand érudit, Apollonios a écrit des poèmes historiques sur la fondation des cités et des œuvres à caractère philologique, même si son œuvre principale demeure les *Argonautiques.* Dans ce poème épique, Apollonios raconte les exploits des Argonautes, leurs voyages, la rencontre de leur chef Jason avec Médée la magicienne ainsi que la conquête de la toison d'or.

---

1. Certaines de ces notices sont librement inspirées du *Guide de poche des auteurs grecs et latins* ou sont issues des précédents « Signets ». Les auteurs de langue grecque sont signalés par la casse droite, les auteurs de langue latine par l'italique.

Apulée de Madaure (c. 125-170)

Né vers 125 à Madaure, non loin de l'actuelle Constantine, Apulée fait des études d'avocat, et, comme tout bon lettré, se rend à Rome et à Athènes où non seulement il apprend le grec mais se fait initier à la philosophie et aux mystères. De retour dans son pays, il mène une vie publique de rhéteur et de conférencier. Il est même choisi comme prêtre du culte impérial. Jovial et plein d'esprit, il nous a laissé un roman désopilant, *Les Métamorphoses ou l'Âne d'or*, qui relate les mémoires de Lucius de Corinthe, métamorphosé par mégarde en âne. Accusé de sorcellerie pour des raisons obscures, Apulée écrit à cette occasion une *Apologie* où il se défend contre les imputations dont il fait l'objet. On lui connaît aussi des opuscules philosophiques, notamment un allègre *De deo Socratis*, et diverses poésies, maniérées ou scabreuses.

Aristophane (445-386 av. J.-C.)

Aristophane fut le plus grand poète comique d'Athènes. Issu du dème de Kydathénée, sa famille aurait possédé des terres à Égine. Sous un nom d'emprunt, il débuta au théâtre de Dionysos en 427 avec *Les Babyloniens*. Son talent fut très rapidement reconnu, et il obtint un premier prix en 425 avec *Les Acharniens*, puis l'année suivante avec *Les Cavaliers*. Ayant vécu pendant la guerre du Péloponnèse, il évoque dans ses comédies la cité en proie aux vicissitudes de la guerre et à la recherche de la paix (*Les Acharniens*, *La Paix*, *Lysistrata*). Il attaque également la politique athénienne, dominée par des démagogues qu'il juge corrompus (*Les Cavaliers*, *Les Guêpes*). Il excelle à tourner en dérision la vie athénienne, du pouvoir politique (*L'Assemblée des femmes*, *Les Oiseaux*) à l'éducation (*Les Nuées*) en passant par la littérature elle-même (*Les Grenouilles*, *Les Thesmophories*). Enfin, sa dernière pièce, *Ploutos*, évoque la situation désastreuse d'Athènes ravagée et humiliée par la guerre. Son humour, caustique, acerbe et souvent trivial n'est jamais vain : par ses caricatures et ses jeux de mots, Aristophane a invité ses concitoyens et ses lecteurs autant à la distraction qu'à la réflexion.

Aristote (384-322 av. J.-C.)

Originaire de Thrace, Aristote partit se former à Athènes et se fit le disciple de Platon à l'Académie, où il resta une vingtaine d'années. Après des séjours en Asie Mineure, il fut nommé précepteur d'Alexandre le Grand, puis revint à Athènes et y fonda en 335 sa propre école, le Lycée. Esprit encyclopédique, Aristote voyait dans la philosophie un savoir total et organique, couvrant la logique, les sciences de la nature, la métaphysique, la morale, la politique et la littérature. Sa postérité et son influence furent immenses.

Callimaque (*c.* 305-*c.* 240 av. J.-C.)

Né à Cyrène (actuelle Libye), Callimaque s'installa à Alexandrie et devint, sous le règne de Ptolémée II Philadelphe, le bibliothécaire de la fameuse bibliothèque d'Alexandrie. Il est à l'origine des *Pinakes,* à la fois catalogue (par auteur, titre et genre) et histoire de la littérature des œuvres disponibles à Alexandrie. D'une prolixité étonnante, Callimaque aurait écrit plus de huit cents œuvres, dans le style précieux et érudit qui était celui de son époque. Seule sa poésie nous est parvenue : les références mythologiques y abondent, comme dans les *Aitiai,* récits des origines mythiques de certains cultes, ou dans les *Hymnes,* influencés par les *Hymnes homériques.* Nous connaissons aussi de lui des *Iambes,* un éloge, *La Boucle de Bérénice* et un court poème épique, *Hécalé.* Callimaque est sans nul doute l'un des plus grands poètes de l'époque hellénistique.

Catulle (84 ?-54 ? av. J.-C.)

Héritier des poètes alexandrins, Catulle fait partie du cénacle des *poetae novi,* les « nouveaux poètes » dont Cicéron se moquait. Né à Vérone dans une famille aisée, il s'empresse de rejoindre Rome et ses plaisirs, intellectuels et sensuels. C'est là qu'il fait la connaissance de la vénéneuse Lesbie, cause de tous ses ravissements, déconvenues, espoirs, désespoirs… et de ses plus beaux poèmes. Les cent seize pièces qu'on lui connaît ont été recueillies après sa mort, à trente ans.

Cicéron (106-43 av. J.-C.)

L'existence du plus fameux des écrivains romains déborde de rebondissements, car cet avocat brillant fut de tous les combats, tant judiciaires que politiques ou philosophiques. Né à Arpinum, dans un municipe éloigné d'une centaine de kilomètres de Rome, Cicéron voit le jour dans une famille de notables. Toutefois, comme Caton l'Ancien, qu'il admire, Cicéron est un « homme nouveau » (*homo novus*) : il est le premier de sa lignée à parcourir la carrière des honneurs jusqu'à son degré le plus élevé, le consulat, qu'il exerce en 63. C'est lors de ce consulat qu'il dénonce, dans ses *Catilinaires*, une conspiration qui menaçait la République, en employant la formule fameuse « Ô temps, ô mœurs ! » (*O tempora, o mores*). À la suite des manœuvres de son ennemi juré, le tribun Clodius, il est exilé pendant un an (58-57), pour avoir fait mettre à mort Catilina sans jugement. Malgré le bon accueil qui lui est fait à son retour, son rôle politique ne cesse de décliner dans les années suivantes. Cicéron, l'un des plus fervents défenseurs du régime républicain, finit par rallier le camp de Pompée contre César, juste avant que ce dernier ne l'emporte définitivement. À la mort du dictateur, l'orateur prend le parti de son petit-neveu, Octave, le futur Auguste, pensant pouvoir influencer ce jeune homme de dix-neuf ans. Il le sert en rédigeant les *Philippiques*, dirigées contre Marc Antoine, lequel lui voue dès lors une haine inexpiable. Antoine réclame à Octave la mort de l'orateur dès leur première réconciliation. Abandonné par Octave, Cicéron est assassiné par des émissaires d'Antoine ; sa tête et ses mains seront clouées à la tribune du forum. L'œuvre de Cicéron, qui est très étendue, comprend une riche correspondance, environ cent quarante discours judiciaires ou politiques et de multiples traités de rhétorique et de philosophie ; elle a joué un rôle déterminant dans la tradition culturelle de l'Occident jusqu'à nos jours.

Corpus hermeticum

Cet ensemble de textes philosophiques comporte dix-sept traités, se présentant comme la révélation du dieu Thoth, identifié à Hermès. La rédaction de ces textes semble s'être étalée entre le IIe siècle avant J.-C. et la fin du IIIe siècle après. Le corpus lui-même a été constitué entre le VIe et le XIe siècle. Dans l'ensemble, la réflexion philosophique, nourrie d'un éclectisme mélangeant platonisme, aristotélisme et stoïcisme, est le point de départ d'une méditation essentiellement spirituelle et religieuse. Une autre interprétation y voit plutôt un phénomène de caractère littéraire.

Diodore de Sicile (Ier siècle av. J.-C.)

Né à Agyrion en Sicile, Diodore voyagea beaucoup et vécut à Rome, sans doute sous César et Auguste. Grand érudit, il est l'auteur de la *Bibliothèque historique*, ensemble de quarante livres visant à relater l'histoire universelle, depuis les temps mythiques jusqu'à la guerre des Gaules (54 av. J.-C.). Les livres I à V et XI à XXII, ainsi que des extraits et des résumés, ont été conservés. L'œuvre de Diodore est précieuse par son information, sa méthode et sa largeur de vue, qui embrasse la mythologie, le monde grec, Rome et les Barbares.

Diogène Laërce (c. 200)

Nous ne savons rien de sa vie. Il vivait peut-être à Nicée, en Bithynie. Rien ne permet de définir avec précision son allégeance philosophique, à supposer qu'il en ait eu une. Comme il ne dit rien du néoplatonisme, il est probable qu'il ait vécu vers 200. L'ouvrage intitulé *Vies et doctrines des philosophes illustres* est hétéroclite, mais il offre une foule de renseignements qui en font une source indispensable pour la connaissance de la philosophie ancienne, depuis les présocratiques jusqu'au début du ɪɪɪᵉ siècle après J.-C. Le livre se rattache, avec une foule d'éléments structurels qui lui sont propres, à la littérature des *Diodachai*, autrement dit des successions à l'intérieur des différentes écoles philosophiques. Pour chaque école, on trouve des sections biographiques, avec des références aux sources dont Diogène s'est servi, et des sections doxographiques, exposant les principaux dogmes de la doctrine étudiée. Aucune explication pleinement satisfaisante n'a été donnée quant au manque d'homogénéité de l'ensemble. Sa curiosité multiforme, son goût pour les bizarreries métriques et linguistiques a permis à certains interprètes de suggérer une relation entre Diogène et la Seconde Sophistique.

Dion Cassius (155-235)

Né à Nicée en Bithynie, Dion Cassius fit une brillante carrière à Rome : sénateur sous le règne de Commode, préteur sous Pertinax, il fut plusieurs fois *consul suffectus* sous Septime Sévère. Il devient par la suite proconsul d'Afrique puis consul ordinaire. Il quitte alors Rome pour s'installer définitivement en Bithynie où il disparaît en 235. Auteur d'une biographie d'Arrien et d'un ouvrage sur les rêves, perdus, il nous a laissé une colossale *Histoire romaine* en quatre-vingts livres, des origines de Rome au règne d'Alexandre Sévère. De cette œuvre monumentale, seuls les livres XXXIII à LIV, couvrant la période allant de 68 avant J.-C. à 10 avant J.-C. nous sont parvenus intacts, le reste nous étant connu par résumés ou extraits. Malgré sa volonté de prendre pour modèle Thucydide, son histoire s'inscrit davantage dans le courant des annales, où Dion puisa la majorité de ses renseignements sur le passé de Rome.

Épicure (341 av. J.-C.-270 av. J.-C.)

Il naquit à Athènes mais vécut ses premières années à Samos, où il retourna de 323 à 321 avant J.-C. Après avoir enseigné à Mytilène et à Lampsaque, à l'âge de trente-cinq ans il s'installa à Athènes, où il acheta un jardin dont il fit le lieu de son enseignement. Il écrivit plusieurs centaines d'ouvrages et eut un grand nombre de disciples, Colotès, Hérodote, Pythoclès, Hermarque, Métrodore, etc., parmi lesquels il faut signaler la présence de femmes, Themista et Leontion. Il mena une existence très frugale, ce qui n'empêcha pas ses adversaires de l'accuser de débauche, donnant de lui l'image d'un pourceau. Sa philosophie est la recherche du bonheur par la sérénité intérieure absolue (ataraxie). Elle est fondée sur l'idée qu'il n'existe que deux réalités, le vide et les atomes, et que la sensation, loin de donner des informations trompeuses, nous livre la réalité des objets, vérité que l'être humain est incapable d'accueillir en raison des fausses opinions qui obscurcissent son esprit. À la source de toutes les erreurs, il place l'angoisse de la mort et la superstition, qui attribue aux dieux un pouvoir sur le monde, alors que, selon l'épicurisme, ils vivent heureux dans les intermondes, se désintéressant complètement des affaires humaines.

Eschyle (525-456 av. J.-C.)

Né à Éleusis dans une famille d'Eupatrides, Eschyle a vu la chute de la tyrannie et la mise en place des réformes de Clisthène qui devaient conduire Athènes à la démocratie. Il aurait en outre participé, contre les Perses, aux batailles de Marathon et de Salamine. Il est pour nous le premier des grands tragiques. Reconnu de son vivant, il bouleverse les règles du théâtre en introduisant un deuxième acteur sur scène. Ses pièces ont une forte valeur morale, dans un style grandiose et imagé. Sur les soixante-treize œuvres qu'il aurait écrites, sept nous sont parvenues. Parmi elles se trouve la seule trilogie dont nous disposons, l'*Orestie*, qui relate l'assassinat d'Agamemnon à son retour de Troie, puis celui de Clytemnestre par son fils, et, enfin, le procès d'Oreste. De lui nous possédons encore *Prométhée enchaîné, Les Sept contre Thèbes, Les Suppliantes* et *Les Perses*.

Euripide (485-406 av. J.-C.)

« Le plus tragique des poètes », selon Aristote, serait né en 485 av. J.-C. à Salamine. Contrairement à Eschyle et à Sophocle, il semble n'avoir guère participé à la vie de la cité. Celle-ci le lui rendit bien puisque, contrairement à ses deux glorieux prédécesseurs, il n'a pas obtenu le succès que son talent méritait, et le premier prix lui fut souvent refusé. Fort heureusement la postérité eut tôt fait de réparer cette injustice. Euripide est devenu le plus célèbre des tragiques. Nourries de philosophie, de sophistique et de rhétorique, sa pensée et sa langue sont bien souvent iconoclastes, ce qui lui valut sans doute de devoir quitter Athènes : en réponse à l'invitation du tyran Archélaos, Euripide part pour Pella où il meurt vers 406. Il excelle dans les débats vifs, rendus grâce à l'emploi de la stichomythie, ainsi que dans l'usage du *deus ex machina*, l'intervention impromptue d'un dieu pour conclure une intrigue. Des quatre-vingt-douze pièces qu'il aurait écrites, dix-huit nous sont parvenues, qui retracent des épisodes mythiques, souvent centrés autour de grands personnages féminins, *Alceste, Médée, Hippolyte, Les Troyennes, Hélène, Oreste, Andromaque, Les Bacchantes, Hécube, Iphigénie à Aulis, Iphigénie en Tauride, Ion, Les Suppliantes, Électre, Héraclès, Les Héraclides* et *Les Phéniciennes*. De lui nous avons encore *Le Cyclope*, seul drame satyrique conservé.

Héraclite (*c.* 540 av. J.-C.-*c.* 480 av. J.-C. ?)

Les dates d'Héraclite sont incertaines. On peut simplement estimer avec quelque vraisemblance que le sommet de son activité intellectuelle se situa autour de 500 avant J.-C. Il appartenait à la principale famille d'Éphèse et il aurait cédé la royauté à son frère. Il aurait très efficacement contribué à la levée du siège d'Éphèse par les Perses et subi un échec politique avec l'expulsion du législateur Hermodore. Ses opinions politiques, son rapport avec l'Empire perse, continuent à faire l'objet de discussions érudites. Dans les témoignages qui nous sont parvenus, il est souvent décrit comme un philosophe arrogant, d'une grande misanthropie, formant un couple antithétique avec Démocrite : Héraclite qui pleure et Démocrite qui rit. La difficulté de sa pensée et de son expression lui valut d'être surnommé « l'Obscur ». Les Anciens lui attribuent un livre qu'il aurait dédié au temple d'Artémis à Éphèse. Sa doctrine, pour autant qu'elle puisse être reconstituée, est un mobilisme qui ne conçoit l'être qu'en devenir.

Hérodote (480-420 av. J.-C.)

Né en 480 avant J.-C. à Halicarnasse, ville dorienne du territoire d'Ionie, en Asie Mineure, celui que Cicéron tenait pour « le père de l'histoire » voyagea beaucoup, d'Athènes, où il séjourna, en Égypte, à Tyr et en Scythie. Il ne vit pourtant pas toutes les contrées qui sont décrites dans ses *Histoires*, vaste « enquête » (c'est le sens de *historié* en grec), dont le premier but est de rapporter les tenants et aboutissants des guerres médiques. Friand d'anecdotes, Hérodote est célèbre pour ses digressions, si bien que les *Histoires* débordent largement le projet annoncé : la Lydie, l'Égypte, la Scythie et la Libye, autant de contrées visitées, pour le plus grand plaisir du lecteur. L'œuvre fut, à la période alexandrine, divisée en neuf livres, nommés selon les Muses. Les quatre premiers rapportent la formation de l'Empire perse et les cinq derniers les guerres médiques. « Roi des menteurs » pour certains, « père de l'histoire » pour d'autres, Hérodote nous éclaire cependant sur les rapports entre les Grecs et les Barbares, et fournit nombre de renseignements ethnologiques, géographiques et anthropologiques aussi précieux qu'amusants.

Hésiode (vers 700 av. J.-C.)

Tout ce que nous connaissons de ce poète, nous le trouvons dans ses œuvres, la *Théogonie* et *Les Travaux et les Jours*. De condition modeste, Hésiode, poète et paysan, nous raconte tenir son savoir des Muses, qui lui seraient

apparues au sommet de l'Hélicon alors qu'il faisait paî-
tre ses bêtes. Dans la *Théogonie*, il évoque les origines du
monde (la cosmogonie) et la naissance des dieux (la
théogonie), jusqu'à l'avènement de Zeus et la victoire
sur le chaos initial ; puis le poète définit la place et le
rôle des hommes par rapport aux dieux. Postérieur à
Homère, et contemporain de la naissance de la cité-État,
Hésiode propose une synthèse de la pensée religieuse
des Grecs. Dans *Les Travaux et les Jours*, il donne des
conseils pratiques à ses contemporains, et notamment à
son frère, Persès. Sa poésie est didactique : elle délivre
un enseignement. Dans cet enseignement, les mythes
sont centraux : c'est dans ce poème que se trouvent le
mythe des races et celui de Pandore. Bien que sa renommée ait été éclipsée par celle d'Homère, il constitue la
source la plus belle et la plus complète de la mythologie
grecque. Les Anciens lui attribuaient en outre *Le Bouclier*,
dont l'authenticité a été mise en doute, et *Le Catalogue
des femmes*, aujourd'hui perdu.

Histoire Auguste (fin du IVe siècle)

Il n'aura pas fallu moins de six pseudonymes – Ælius
Spartianus, Julius Capitolinus, Vulcacius Gallicanus,
Trebellius Pollion, Ælius Lampridius et Flavius Vopiscus –
à l'énigmatique sénateur romain qui se cache derrière cet
ouvrage composé dans les dernières années du IVe siècle,
entre le règne de Dioclétien et celui de Constantin, pour
venir à bout de cette continuation en trente notices des
Vies des douze Césars. L'unité du texte, qui a fait conclure à
un auteur unique, est faite autour d'un trait commun, la
médisance. Riche en détails croustillants, voire graveleux
et salaces, le plus souvent non avérés, l'ouvrage relate la
biographie des empereurs de 117 à 284, d'Hadrien à Carin
et à Numérien. Si elle fit les délices de nombre d'écrivains,
comme Marguerite Yourcenar ou Antonin Artaud, l'*Histoire auguste* est considérée avec réticence par les historiens
qui, faute de sources complémentaires, ne peuvent l'ignorer tout en étant contraints à la plus extrême prudence.

Homère (VIIIᵉ siècle av. J.-C. ?)

Ce n'est pas le moindre des paradoxes que le plus célèbre poète de l'Antiquité est peut-être aussi l'un des moins connus. Homère a-t-il seulement existé ? Étaient-ils plusieurs ? Le nom désigne-t-il une école d'aèdes ? Nul ne sait. « L'affaire Homère » a fait couler beaucoup d'encre, et aujourd'hui encore les érudits multiplient les hypothèses. L'obscurité s'est faite dès l'Antiquité, en partie à cause de la célébrité de l'auteur : nombre de « vies », fictives, ont circulé, tant et si bien que, s'il y a un Homère, c'est celui que la tradition a forgé. Celui-ci vécut en Ionie, au VIIIᵉ siècle avant J.-C., et a composé l'*Iliade* et l'*Odyssée*, immenses épopées comptant respectivement près de 16 000 et plus de 12 000 vers. Louées dès l'Antiquité, ces deux œuvres sont fondatrices de la culture occidentale. Chantées par les aèdes dans les cours aristocratiques, elles sont les premières œuvres de notre patrimoine qui nous sont parvenues intactes. L'*Iliade*, poème de la gloire et de la guerre, relate la colère d'Achille qui, pour ne pas manquer à l'idéal héroïque, fait le sacrifice de sa vie. Récit de voyage et conte merveilleux, l'*Odyssée* chante les errances d'Ulysse jusqu'à son retour à Ithaque. Les deux textes s'intègrent aux légendes issues de la guerre de Troie. À la suite de l'enlèvement d'Hélène, la femme du roi de Sparte Ménélas, les chefs grecs partent à la conquête de Troie. Gouvernée par Priam, Troie est une riche cité d'Asie Mineure (en actuelle Turquie) où ont trouvé refuge Hélène et Pâris, le prince troyen qui a ravi la jeune femme. Les combats font rage pendant dix ans, tant de part et d'autre les héros sont vaillants. Parmi les Troyens, Hector et Énée sont les plus valeureux, tandis que, côté achéen, Achille, Ajax et Diomède sont les meilleurs guerriers, auxquels il faut ajouter Ulysse le rusé. Les dieux prennent aussi part à la guerre en favorisant leurs champions, quand ils ne vont pas eux-mêmes sur le champ de bataille. Hector puis Achille meurent au combat, si bien que l'issue de la guerre est, jusqu'aux derniers moments, incertaine. C'est alors qu'Ulysse imagine un stratagème appelé à devenir fameux : les troupes grecques font mine de partir. Il ne reste sur la plage qu'un gigantesque et mystérieux cheval de bois. Les Troyens y voient un présent des dieux et l'introduisent dans leurs murs. Les Achéens, dissimulés dans le cheval, sortent de leur cachette. Troie est dévastée : seuls Énée et quelques hommes parviennent à fuir la cité en flammes. Les chefs achéens reprennent la mer, leurs navires chargés de l'or de Troie et des princesses captives.

Horace (65-8 av. J.-C.)

Méridional natif de Venouse, aux confins de l'Apulie, Quintus Horatius Flaccus était probablement le fils d'un ancien esclave public affranchi. Après un séjour à Rome qu'il déteste, il part poursuivre sa formation à Athènes qui l'enchante. Après les troubles des guerres civiles, il rentre dans le cénacle restreint et glorieux de Mécène et bénéficie de la protection d'Auguste. Peu féru de l'agitation citadine, il peut ainsi partager son temps entre Rome et sa villa de Sabine. Le chantre du *carpe diem* est aussi fameux pour ses satires, ces « mélanges » libres, enjoués et enlevés, où Horace attaque les travers de ses contemporains avec autant de justesse que d'esprit et de bonhomie. Outre les *Satires,* nous avons de lui des *Odes,* des *Épodes* et des *Épîtres,* parmi lesquelles l'*Épître aux Pisons,* où Horace définit un art poétique qui inspira jusqu'à Boileau.

Hymnes homériques

Si ce recueil de trente-trois poèmes s'adresse à des dieux a été attribué à Homère dans l'Antiquité, les érudits n'ont guère tardé à contester son authenticité, si bien qu'aujourd'hui c'est en référence à leur forme que le titre est conservé : tous ces poèmes sont du genre épique, s'opposant en cela à d'autres types d'hymnes. Rien de plus divers cependant, tant du point de vue du style que de celui de la date, que ces poèmes. Si l'*Hymne à Apollon* remonte à la fin du VIIIe siècle avant J.-C., l'*Hymne à Arès* pourrait dater du IVe siècle après J.-C. Nombre de ces poèmes ont été récités lors des fêtes en l'honneur des dieux qu'ils célébraient.

Jamblique (*c.* 240-*c.* 325)

Ce philosophe néoplatonicien fut l'élève de Porphyre à Rome, puis fonda sa propre école à Apamée, en Syrie. Commentateur de Platon, et dans une moindre mesure d'Aristote, il classa les dialogues platoniciens, les soumettant à une interprétation théologique qui se voulait reprise des sagesses anciennes. Il se voulait pythagoricien autant que platonicien. Il composa, entre autres, un traité intitulé *Sur l'école pythagoricienne* en dix livres, dont quatre sont conservés et dont le deuxième est le *Protreptique*, exhortation à entrer en philosophie.

Lucrèce (99/94-55/50)

La légende, propagée par saint Jérôme, veut que Lucrèce, égaré par un filtre d'amour, ait composé ses vers dans les moments de lucidité que lui laissait sa folie. Le *De natura rerum* serait donc la dissertation d'une tête folle. S'il n'y a guère de crédit à porter à cette histoire, force est de constater toutefois le manque navrant d'informations relatives au poète. La seule certitude est que Cicéron fut si admiratif de l'œuvre qu'il entreprit de l'éditer. Les six magnifiques livres qui la composent relatent en vers les préceptes du matérialisme inspiré de Démocrite. Aucun préjugé ne résiste à la vigueur de la pensée de Lucrèce : le poète attaque tour à tour les croyances, la religion, les peurs et les superstitions. L'ouvrage, dans une langue imagée et harmonieuse, développe une physique, dont est issue la théorie du *clinamen*, et une morale dans laquelle le poète fait l'éloge de son maître, le penseur grec Épicure.

Mamertin (*c.* 250 ?)

Les *Panégyriques latins* qui nous sont parvenus ont été prononcés devant des empereurs par des orateurs gaulois, dans la tradition du panégyrique de Trajan par Pline le Jeune. Ils ont été rédigés dans une période qui va de l'époque de Dioclétien et de Maximien à celle de Théodose. À l'époque impériale, les occasions (victoires, anniversaires, etc.) de pratiquer une éloquence d'apparat devant les souverains ne manquaient pas aux orateurs. La plupart des discours de ce recueil ont été prononcés à Trèves, ville proche de la frontière de tous les dangers, en raison des invasions barbares. De ce Claudius Mamertin, nous ne savons rien, si ce n'est qu'il parla en 289 et 291 devant l'empereur Maximien.

Marc Aurèle (121-180 ap. J.-C.)

Protégé d'Hadrien et fils adoptif d'Antonin, Marc Aurèle devient empereur en 161. Il mena des campagnes victorieuses aux frontières de l'Empire, durant un règne difficile, mais fut aussi un lettré et un philosophe, comme en témoignent sa correspondance avec Fronton et surtout les « Écrits pour lui-même » (dont le titre a souvent été traduit par *Pensées*). Cet ouvrage rédigé en grec est un recueil de souvenirs, de méditations et d'exhortations à usage personnel. Dans un style fragmentaire et incisif, l'empereur mène son examen de conscience et travaille à se pénétrer des principes du stoïcisme.

Ovide (43 av. J.-C.-c. 18 ap. J.-C.)

Le « clerc de Vénus », le « précepteur d'Amour » est le plus jeune des poètes augustéens et n'a connu que la paix. Pour cette raison, il sera moins reconnaissant à Auguste de l'avoir ramenée et plus insolent envers le nouveau maître de Rome. Un premier poste de *triumvir* le détourne vite de la vie politique au profit d'une vie mondaine vouée à l'érotisme et à la poésie. Les joutes du forum l'ennuient, le cénacle de Messala l'exalte, même s'il n'entend pas limiter la diffusion de ses œuvres à ce cercle restreint. Il est l'un des premiers auteurs à se soucier de son public anonyme mais nombreux et fidèle. Pour des raisons qui nous sont obscures – Auguste invoquera l'immoralité de *L'Art d'aimer*, mais ce prétexte paraît peu convaincant –, Ovide est exilé à Tomes dans l'actuelle Roumanie, au bord de la mer Noire, où il meurt dans la désolation, abandonné de tous et de tout, sauf de ses livres. Son œuvre de virtuose, étourdissante de facilité et de beauté, s'étend dans trois directions. Un premier ensemble regroupe les *Héroïdes* (les lettres d'amour écrites par les héroïnes de la mythologie à leurs amants), commencées à l'âge de dix-huit ans, *Les Amours*, *L'Art d'aimer* et *Les Remèdes à l'amour*. *Les Fastes* et *Les Métamorphoses* appartiennent à une veine plus purement mythologique et savante : *Les Fastes* relatent l'origine des fêtes du calendrier tandis que *Les Métamorphoses* narrent les transformations des hommes en animaux et en plantes. La troisième période s'ouvre avec l'exil où Ovide, dans les *Tristes* et les *Pontiques*, revient au vers élégiaque qui lui est cher et se consacre à une poésie de la vieillesse et de la nostalgie. Tendre, enjoué et incisif, Ovide est l'un des plus célèbres poètes latins, le rival de Virgile dans beaucoup de cœurs, et l'une de nos meilleures sources pour la mythologie.

Pausanias (*c.* 115 ap. J.-C.-*c.* 180 ap. J.-C. ?)

On ne sait pratiquement rien de la vie de Pausanias, si ce n'est qu'il était originaire d'Asie Mineure. Après avoir beaucoup voyagé, il se fixa à Rome où il écrivit une *Description de la Grèce* ou *Périégèse*, en dix livres. Précurseur de la littérature des guides de voyage, mais écrivant dans une langue volontairement archaïsante, il donne à la fois des descriptions très précises de sites ou de monuments et une image d'ensemble de la Grèce à son époque. Son œuvre se décompose comme suit : livre I : l'Attique et Mégare ; livre II : Corinthe, l'Argolide, ainsi qu'Égine et les îles alentour ; livre III : la Laconie ; livre IV : la Messénie ; livre V : l'Élide et Olympie ; livre VI : l'Élide (2ᵉ partie) ; livre VII : l'Achaïe ; livre VIII : l'Arcadie ; livre IX : la Béotie ; livre X : la Phocide et la Locride. Les fouilles archéologiques confirment régulièrement la précision de ses affirmations, mais son œuvre est aussi un hommage permanent rendu à l'identité et à la culture grecque sous toutes leurs formes. Grand visiteur de temples, s'attachant à transmettre avec rigueur les mythes, Pausanias a contribué à fixer les traits de la Grèce antique, telle qu'elle fascinera après lui des générations de voyageurs.

Philon d'Alexandrie (*c.* 15 av. J.-C.-*c.* 50 ap. J.-C.)

Né dans l'une des principales familles juives d'Alexandrie, Philon avait pour frère Alexandre, qui exerça la fonction d'*alabarque*, terme désignant probablement le contrôleur général des douanes égyptiennes. Son neveu Tiberius Iulius Alexander abjura le judaïsme, fut procurateur de Judée sous Claude, puis préfet d'Égypte et il seconda Titus au siège de Jérusalem. Philon suivit l'éducation grecque traditionnelle, ce qui lui permit d'avoir des connaissances approfondies en philosophie et en littérature. À Alexandrie, la Bible était lue et commentée en grec, car la plupart des Juifs, et Philon ne semble pas avoir fait exception, n'avaient que des connaissances très superficielles de l'hébreu et de l'araméen. L'épisode de sa vie que nous connaissons le mieux, grâce à son propre témoignage, est son ambassade auprès de Caligula, à la suite du terrible pogrom subi en 38 par la communauté juive alexandrine, épisodes qu'il raconte dans l'*In Flaccum* et dans la *Legatio ad Caium*. Son œuvre, qui atteint une cinquantaine de volumes, comprend plusieurs types de travaux : des traités à caractère philosophique ; des œuvres apologétiques de défense du peuple juif ; des livres sur la création du monde, le Décalogue, les patriarches, les lois propres au judaïsme, etc. ; une *Vie de Moïse* en deux livres ; un commentaire allégorique d'une partie de la Genèse, en vingt et un livres ; des livres de questions-réponses sur la Genèse et l'Exode. Appliquant à la Bible la méthode allégorique qu'avaient mise au point les penseurs grecs, notamment les stoïciens, Philon, qui pourtant se défendait de négliger la lettre du texte, apparut très vite aux chrétiens comme un précurseur, ce qui permit la sauvegarde de son œuvre.

Pindare (518-438 av. J.-C.)

Né en Béotie dans une famille aristocratique, Pindare est le plus important représentant de la lyrique chorale grecque. Des dix-sept livres dans lesquels les Anciens avaient recueilli ses poèmes, nous avons encore quatre livres d'odes triomphales : les *Olympiques*, les *Pythiques*, les *Isthmiques* et les *Néméennes*. Pindare excelle dans l'art de l'*épinicie*, ode en l'honneur des athlètes victorieux aux concours sportifs. Dans ces poèmes où les vainqueurs sont identifiés aux héros de la mythologie, Pindare vante la gloire des cités dont ils sont issus. D'abord protégé par le tyran Hiéron de Syracuse, on le retrouve à la cour du roi de Cyrène dès 462. Si Pindare eut un rival, Bacchylide, il n'eut guère d'imitateurs : ses odes sont le dernier écho d'une manière aristocratique de vivre où les exploits étaient ceux des jeux et non ceux de la vie politique.

Platon (427-347 av. J.-C.)

Le célèbre philosophe grec était un citoyen athénien, issu d'une des grandes familles de la cité. Alors que sa noble origine, sa richesse et son éducation le destinaient à devenir dirigeant politique ou savant pédagogue (un de ces sophistes honnis par l'écrivain), Platon choisit de devenir philosophe, à l'imitation de son maître et concitoyen Socrate. Loin toutefois de se retirer de la vie publique, le philosophe tel que Platon l'a inventé se consacre à la réforme de la cité et de ses habitants, soit par ses écrits, soit par son enseignement. Il institua en outre l'Académie, où les élèves (parmi lesquels Aristote) venaient suivre ses leçons aussi bien que celles des prestigieux savants invités. Son œuvre est immense, et la culture occidentale n'a eu de cesse d'y puiser des enseignements. Deux groupes sont identifiables : les premiers dialogues, mettant en scène les entretiens de Socrate, tels que *Gorgias*, *Phèdre* ou *Protagoras*, et les œuvres de plus longue haleine, comme *La République*, où Platon donne une expression plus explicitement systématique de la pensée de son maître, par rapport à laquelle il a toujours fait preuve de fidélité et de liberté.

Plaute (*c.* 255-184 av. J.-C.)

Tenté par le « bas comique » jusque dans le nom qu'on lui prête, T. Macc(i)us (la « grosse mâchoire ») Plautus (« aux pieds plats ») est né en Ombrie. Venu à Rome pour faire carrière dans les métiers du théâtre, il fut acteur, s'essaya au commerce, se ruina et goûta à divers métiers (jusqu'à être l'esclave d'un meunier) avant de se mettre à écrire des comédies : on lui attribue cent trente pièces, dont vingt et une ont été conservées et jugées authentiques par le savant latin Varron (116-27 av. J.-C.). Soucieux de plaire au goût de l'époque qui réclamait des sujets grecs, Plaute puisa le sujet de ses pièces dans les « comédies nouvelles » de Ménandre (IVe siècle av. J.-C.) tout en les adaptant au public latin, friand d'allusions et de jeux de mots sur la situation contemporaine. L'usage du prologue où le personnage s'adresse directement au public, les intrigues vaudevillesques, sont ses innovations les plus délectables. Après sa mort, Plaute eut un tel succès que beaucoup de pièces ont circulé sous son nom. Molière s'est inspiré de son talent et de ses sujets, notamment dans *Amphitryon* et dans *L'Avare*.

Pline le Jeune (61/62-113 ap. J.-C.)

Né à Côme dans une famille de notables, Pline le Jeune perdit son père de bonne heure et fut confié aux soins de son oncle, Pline l'Ancien, l'auteur de l'*Histoire naturelle*, qui se chargea de son éducation et lui donna d'excellents maîtres. Pline le Jeune mena de front une carrière d'avocat, spécialisé dans le droit privé, et une carrière politique sous les empereurs Domitien, Nerva et Trajan. Il fut l'ami de Tacite. On a conservé un de ses discours, le *Panégyrique de Trajan*, prononcé à l'occasion de son entrée en charge comme consul, ainsi qu'une ample correspondance, pleine de charme, très instructive sur la vie littéraire, sociale et politique de l'époque. Les lettres adressées à des parents et à des amis sont réparties en neuf livres. Le dixième livre, de ton tout différent, contient la correspondance officielle échangée par Pline et l'empereur Trajan lorsque Pline fut légat en Bithynie, dont deux lettres particulièrement fameuses (96-97) sur les communautés chrétiennes que Pline eut à connaître dans le cadre de ses fonctions.

Plutarque (*c.* 45-125 ap. J.-C.)

Né à Chéronée, en Béotie, Plutarque était issu d'une famille de notables. Il étudia à Athènes, fit des voyages et séjourna à Rome, avant de revenir dans sa patrie, où il se consacra à l'écriture, à sa famille et à ses amis ; il se rendait fréquemment à Delphes, où il exerçait des fonctions politiques et sacerdotales en relation avec le sanctuaire d'Apollon. Son œuvre est composée de deux branches : les *Vies parallèles*, recueil de biographies de grands hommes de l'histoire, présentées presque toutes par paires (un Grec étant mis chaque fois en parallèle avec un Romain) ; les *Œuvres morales*, ensemble très varié de traités et de dialogues consacrés non seulement à des questions de philosophie morale (d'où le titre de l'ensemble), mais aussi à des sujets littéraires, politiques, scientifiques, religieux. En philosophie, l'auteur se rattachait à l'école de Platon (l'Académie), non sans inflexions et écarts doctrinaux. D'une érudition prodigieuse, l'œuvre de Plutarque est un trésor de connaissances, de faits et d'idées. Dès l'Antiquité, elle a exercé une influence considérable, et, parmi les très nombreux esprits que Plutarque a marqués, on relève Shakespeare, Montaigne, ou encore Rousseau.

Polybe (200-118 av. J.-C.)

Né en Arcadie, dans une famille de militaires, il fut élu *hipparque*, commandant de la cavalerie achéenne, vers 170 avant J.-C. À la suite de la victoire de Paul Émile à Pydna, il fit partie des mille otages emmenés à Rome, où il s'attira la bienveillance de Scipion Émilien, qu'il accompagna en Gaule et en Afrique. Par la suite, il fut négociateur entre les Grecs et les Romains et il participa à la réorganisation politique de la Grèce. Il mourut d'une chute de cheval en 118 avant J.-C. Il écrivit des *Histoires* en quarante livres dont seule une partie nous a été conservée. Fasciné par la puissance romaine, il voulut en comprendre la raison et crut pouvoir la trouver dans un régime politique qu'il identifia à la constitution mixte de Platon et d'Aristote, autrement dit à un mélange des trois régimes fondamentaux : la monarchie, l'aristocratie et la démocratie. La coexistence de ces formes avait selon lui pour effet de bloquer le processus de dégénérescence inhérent à chacune des constitutions. Historien d'une rigueur exceptionnelle, Polybe fut donc l'un des tout premiers penseurs à élaborer une véritable philosophie de l'histoire.

Porphyre (234-*c.* 305)

Né à Tyr en Syrie, Porphyre séjourna à Athènes avant de rejoindre Rome en 263 pour y recevoir l'enseignement de Plotin dans l'École que ce dernier avait fondée en 244. D'abord très enthousiaste, Porphyre rompit brusquement avec Plotin ainsi qu'avec le néoplatonisme tel que l'auteur des *Ennéades* l'avait fondé. Entre divers séjours qui le conduisirent en Sicile, en Orient et de nouveau à Rome où il termina ses jours, Porphyre a composé une œuvre aussi immense que variée, dont il nous reste aujourd'hui la liste et une infime partie, le plus souvent fragmentaire. Outre l'édition, le commentaire et la diffusion de l'œuvre de Plotin, qu'il avait lui-même regroupée en « Ennéades », Porphyre composa plusieurs traités platoniciens et aristotélicien, ainsi qu'une *Histoire philosophique* dont il reste aujourd'hui la partie consacrée à Pythagore. Il rédigea en outre des traités scientifiques, éthiques ou religieux (*Contre les chrétiens*). Ses commentaires influencèrent les néoplatoniciens de l'Antiquité

tardive et, traduits en latin, eurent une importance nota-
ble auprès des auteurs médiévaux.

Pyrrhon (360-275 av. J.-C.)

Pyrrhon naquit à Élis, au nord-ouest d'Athènes. Il
fut d'abord peintre, puis il accompagna Alexandre dans
son expédition, ce qui le mit au contact de la sagesse
indienne, qui fut l'une des sources de sa philosophie de
l'impassibilité. De retour à Élis, il y mena une vie paisible,
très apprécié par ses concitoyens qui lui accordèrent des
fonctions honorifiques, alors même que sa doctrine de
l'indifférence le conduisait à des comportements extrava-
gants, comme ne pas s'écarter sur le passage d'un chariot
ou ne pas secourir un ami tombé dans un précipice. Les
interprétations récentes de sa pensée établissent une différence assez radicale entre celle-ci, qui serait une philosophie de l'apparence absolue, ne renvoyant à aucun être,
et le scepticisme ultérieur, celui d'Énésidème et de Sextus
Empiricus, fondé sur l'interrogation en ce qui concerne
les phénomènes, écrans entre l'homme et l'être.

Quinte Curce (Ier ou IIe siècle ap. J.-C. ?)

Nous ne savons rien ou presque de Q. Quintus Rufus,
qui écrivit peut-être sous Claude. La seule œuvre que
nous possédions de lui, son *Histoire d'Alexandre* (*Historiae
Alexandri Magni*) comptait dix livres dont les deux premiers sont perdus. Le récit commence en 333 avant J.-C.
et va jusqu'à la mort du héros, annonçant les problè-
mes que va poser sa succession. On analyse souvent cet
ouvrage comme une mise en garde adressée aux Romains
contre les dérives du principat et les dangers du pouvoir
personnel.

Sénèque (*c.* 1 av. J.-C.-65 ap. J.-C.)

Le « toréador de la vertu », selon le mot de Nietzsche,
est né à Cordoue, en Espagne. Si le nom de Sénèque est,
à juste titre, associé à la pensée stoïcienne, sa vie et son
œuvre ne se résument pas à cela. La carrière politique

du philosophe fut tout aussi brillante que sa carrière littéraire, même s'il connut des disgrâces, un exil, et échappa à une première condamnation à mort sous Caligula. Précepteur de Néron, exerçant dans l'ombre une influence sur l'Empire, il serait l'auteur de neuf tragédies, dont *Œdipe, Hercule furieux* et *Médée,* qui représentent les ravages des passions dénoncées dans ses traités philosophiques. Ces derniers, consacrés notamment à la tranquillité de l'âme, à la clémence, au bonheur ou à la constance, invitent au souci de soi et évoquent les avantages de la retraite : le sage ne veut pas occuper une responsabilité mesquine et disputée dans la cité, mais sa juste place dans l'ordre de l'univers. Cependant, Néron au pouvoir se méfie de son ancien maître et tente de le faire empoisonner. Retiré à Naples, par crainte de l'empereur, le penseur stoïcien mène une existence érudite et tranquille, et compose les *Lettres à Lucilius.* Sa fin est exemplaire : impliqué dans la conspiration de Pison, Sénèque se suicide, rejoignant dans la mort choisie plusieurs autres figures emblématiques du stoïcisme, dont Caton d'Utique, disparu au siècle précédent.

Sophocle (497-405 av. J.-C.)

Dès l'Antiquité, Sophocle fut considéré comme le modèle de l'homme heureux. Né à Colone vers 497 avant J.-C., Sophocle se consacre au théâtre et connaît un triomphe immédiat : sur les cent vingt-trois tragédies qu'il aurait écrites, il aurait remporté vingt-six fois le premier prix lors des concours dramatiques. Ce succès ne fut pas démenti par la suite. Le dramaturge a joué en outre un rôle politique de premier plan dans la cité d'Athènes : il exerça plusieurs magistratures et participa à l'introduction du culte d'Asclépios. Poète de génie, soucieux de sa patrie comme de la piété, cet homme exemplaire a vu sa vie couronnée d'une longévité exceptionnelle. Il a apporté nombre d'innovations décisives au théâtre, comme l'introduction du troisième acteur ou les décors peints. La tradition nous a légué sept de ses tragédies : *Ajax, Antigone, Philoctète, Œdipe à Colone, Électre, Œdipe roi* et *Les Trachiniennes,* chefs-d'œuvre inépuisables, aujourd'hui encore régulièrement portés sur scène.

Strabon (64 av. J.-C.-25 ap. J.-C.)

Strabon d'Amasée était un Grec originaire du Pont Euxin. D'abord historien, mais nous ne possédons que des fragments de ses *Commentaires historiques,* il décida ensuite d'écrire une *Géographie* en dix-sept livres, qui nous sont parvenus dans leur intégralité. L'espace décrit est immense, il va des Colonnes d'Hercule à la Perse et à l'Inde, de la Bretagne à l'Éthiopie. Strabon se considère, sans doute à juste titre, comme le véritable fondateur d'une science géographique qu'il a construite tant en mettant à profit ses voyages que par l'exploitation des textes écrits par les savants antérieurs. Il s'affirme « philosophe », précisément parce que la géographie telle qu'il l'entend suppose un savoir global. Avec lui cependant elle n'est pas une pure démarche intellectuelle, car elle a, entre autres finalités, celle de permettre au gouvernant, en l'occurrence la puissance romaine, une conquête et une domination rendues plus faciles par la connaissance du territoire. La présence de récits mythiques, destinés à distraire le lecteur, ne contrarie nullement la vocation éminemment scientifique et technique de cet impressionnant corpus.

Suétone (*c.* 70-122 ap. J.-C.)

Des très nombreux ouvrages que composa Suétone, deux seulement sont parvenus jusqu'à nous, les fameuses *Vies des douze Césars* et le traité *Grammairiens et rhéteurs,* et encore de manière fragmentaire : le recueil des *Vies des douze Césars* est amputé de son début et le *De grammaticis et rhetoribus* de sa fin. Nous n'avons donc qu'un témoignage partiel de l'œuvre de Suétone, biographe aussi prolixe qu'éclectique : il s'intéressa tout autant aux courtisanes célèbres qu'à l'histoire naturelle, aux empereurs romains qu'aux injures grecques. Qui était C. Suetonius

Tranquillus ? Pline le Jeune, qui fut son ami et veilla sur sa carrière, en donne un portrait peu amène : couard, il se fit exempter de la charge militaire et dut son rôle de responsable de la correspondance impériale à des intrigues qui lui valurent de tomber en disgrâce en 122. Si la vie de Suétone est tristement banale, ses *Vies*, tant par les empereurs qu'elles évoquent que par le talent de l'auteur, qui aspire à un récit objectif des faits et gestes de ses modèles, sont un chef-d'œuvre de la littérature latine. Il est toutefois possible de leur reprocher une trop grande attention aux rumeurs et légendes malintentionnées dont chaque dynastie accablait la précédente.

Tacite (55/57-116/120 ap. J.-C.)

« Le plus grand peintre de l'Antiquité », comme l'a appelé Racine, s'est intéressé à la politique avant de se consacrer à l'histoire. Servi par de brillants talents oratoires, son amitié avec Pline le Jeune et un mariage avantageux, Tacite, né dans une famille de rang équestre de la Gaule narbonnaise, devint consul en 97 puis proconsul d'Asie en 112-114. Il disparaît ensuite, comme son grand ami Pline le Jeune, et meurt sans doute au début du règne d'Hadrien. Sa carrière d'écrivain commence par un essai consacré à la rhétorique, le *Dialogue des orateurs*, où il s'interroge sur les causes de la décadence de l'art oratoire et sur ses raisons d'être sous le régime impérial où l'empereur détenait la plupart des pouvoirs. Suivent deux brèves monographies, une apologie de son beau-père, Agricola, et un essai ethnographique sur la Germanie. C'est ensuite que Tacite écrit ses deux chefs-d'œuvre, les *Histoires*, qui retracent les destinées de Rome du règne de Galba (3 av. J.-C.-69 ap. J.-C.) au règne de Domitien (51-96), et les *Annales*, qui remontent plus loin dans le passé, de Tibère (42 av. J.-C.-37 ap. J.-C.) à Néron (37-68). S'appuyant sur une documentation de première main et visant à l'impartialité, Tacite cherche à pénétrer le secret des âmes pour mieux mettre en lumière les ressorts de l'histoire et recréer l'atmosphère de ces moments qu'il

présente sous un jour généralement sombre et pessimiste. Loin d'être un catalogue d'*exempla*, les œuvres de
Tacite montrent les vertueux toujours punis et les inno-
cents persécutés. Toujours à l'affût de la « scène à faire »,
il est célèbre, comme Tite-Live, pour les discours qu'il
recrée. Il ne dédaigne pas de tirer des leçons de morale,
dans un style personnel, cultivant les raccourcis et les
dissymétries, les formules condensées et expressives. Son
style est l'incarnation de la *breuitas*, la « brièveté », que
certains présentent comme une vertu du discours, et son
nom, « Tacite », semble présager son style.

Théocrite (315 av. J.-C.)

Originaire de Syracuse, Théocrite se rend à Alexandrie
où les Ptolémées ont la Cour la plus fameuse de l'époque hellénistique. Avec Aratos, Callimaque et Nicandre,
il est un des protégés de Ptolémée Philadelphe. Son nom
est aussi attaché à l'île de Cos, où il aurait séjourné. La
poésie de Théocrite appartient à la tradition pastorale
ou bucolique : la vie aux champs, celle des pâtres, des
bouviers, des moissonneurs, devient l'objet d'un poème
évoquant la joie et la douceur de vivre. Les *Idylles*, d'une
grande liberté stylistique, prennent pour modèles tour
à tour les hymnes, les monologues, les éloges, les dialogues, les descriptions ou les joutes poétiques. Sa poésie
n'est pas uniquement pastorale : la vie citadine, comme
dans *Les Syracusaines ou les Femmes à la fête d'Adonis*, les
peines d'amour, dans *Les Magiciennes*, ou la mythologie,
par exemple dans *Héraclès enfant*, y sont aussi évoquées.
Quels que soient les sujets, la poésie de Théocrite est
pleine d'esprit et de vie.

Tite-Live (*c.* 60 av. J.-C.-17 ap. J.-C.)

La vie de Tite-Live est sans doute l'une des plus cal-
mes parmi les existences d'auteurs antiques. Il fallait
bien une telle sérénité pour composer une œuvre-fleuve
comme celle à laquelle le plus prolixe des historiens
latins donna le jour. Originaire de Padoue, il consacre sa

vie à sa famille et à l'écriture. Cet intime d'Auguste, attaché à ses convictions républicaines, limite ses séjours à la
Cour, où il occupe toutefois les fonctions de précepteur
du futur empereur Claude. Il est l'auteur d'écrits d'inspiration philosophique aujourd'hui perdus, mais surtout
d'une histoire romaine, *Ab Urbe condita*, « Depuis la fondation de Rome », en cent quarante-deux livres. Seule
la mort interrompt son travail. Il nous reste trente-cinq
livres, fort instructifs, qui sont notre source principale
sur l'histoire archaïque de Rome. Malheureusement,
les livres consacrés aux guerres civiles ont disparu. Tite-
Live s'appuie sur différents matériaux : des légendes, des
documents officiels, les œuvres des premiers historiens,
les « annalistes », qui consignaient tous les événements
importants survenus chaque année. Son travail se veut
non seulement narratif mais aussi explicatif et didactique : son ouvrage multiplie les *exempla*, les figures de
citoyens exemplaires qui ont fait la force et la grandeur de
la Rome des premiers temps et qui doivent aujourd'hui
servir de mémento à ses contemporains dévoyés par le
luxe et la débauche. Tite-Live cherche également à composer une œuvre d'art : l'exigence de vérité ne l'amène
jamais à sacrifier sa visée esthétique.

Virgile (70-19 av. J.-C.)

Si Homère devait avoir un double latin, ce serait
Virgile, tant son œuvre fut célébrée, autant par les
Anciens que par les générations suivantes. Issu d'une
famille modeste, spoliée d'une partie de ses biens par la
guerre civile, Virgile est né à Mantoue et ne tarde guère
à se consacrer à la poésie, après avoir étudié la rhétorique et la philosophie épicurienne à Crémone, Milan
et Rome. À trente ans à peine, il a déjà composé les
Bucoliques, pièces champêtres à la manière du poète grec
Théocrite, qui comportent plusieurs allusions à la triste
réalité contemporaine des propriétaires spoliés. Il poursuit avec les *Géorgiques,* imitées de la poésie didactique
d'Hésiode. Mécène puis Auguste le remarquent : Virgile

devient ainsi le chantre officiel de l'Empire. Toutefois, ce poète de cour est un poète de génie. Désireux de chanter la gloire d'Auguste, il a cependant l'idée de ne pas célébrer directement ses exploits mais d'entreprendre une épopée propre à flatter tant le prince que l'orgueil national : l'*Énéide* relate les exploits d'Énée, chef troyen, fils de Vénus et ancêtre mythique de la famille d'Auguste et du peuple romain. Un réseau complexe d'allusions à la destinée future du peuple romain assure le lien entre le récit fabuleux des origines et l'histoire contemporaine. C'est ainsi que les Romains ont pu rivaliser avec les glorieux héros grecs. Insatisfait de son œuvre, Virgile avait demandé à Varron de la jeter dans les flammes s'il venait à mourir avant d'avoir pu la relire entièrement. Bravant la volonté du poète mort brusquement d'une insolation, Auguste en ordonna la publication. Dès lors, l'épopée nationale fut considérée comme un véritable abrégé du savoir humain et le modèle de la grande poésie, louée tant par les païens que par les chrétiens. À partir des trois œuvres du poète s'élabora le modèle de « la roue de Virgile » : les motifs, les tournures de chacune servaient de références aux trois niveaux de style : bas, moyen et élevé (*humile, mediocre, sublime*).

POUR ALLER PLUS LOIN

Sources

Nota bene. L'abréviation « CUF » désigne la Collection des Universités de France, publiée à Paris par Les Belles Lettres.

ALCINOOS
Enseignement des doctrines de Platon, texte établi et commenté par J. Whittaker, traduit par P. Louis, « CUF », (1990), 2002.

APOLLONIOS DE RHODES
Argonautiques, texte établi par Fr. Vian, traduit par Fr. Vian et É. Delage, « CUF », (1974), 2009.

APULÉE
Opuscules philosophiques. Fragments. Du dieu de Socrate. Platon et sa doctrine. Du monde, texte établi et traduit par J. Beaujeu, « CUF », (1973), 2002.

ARISTOPHANE
Comédies. Les Acharniens. Les Cavaliers. Les Nuées, texte établi par V. Coulon, traduit par H. Van Daele, « CUF », (1934), 2002.
Comédies. Les Oiseaux. Lysistrata, texte établi par V. Coulon, traduit par H. Van Daele, « CUF », (1940), 2009.

ARISTOTE
Éthique à Nicomaque, texte traduit par J. Tricot, Paris, Vrin, 1997.

Politique, texte établi et traduit par J. Aubonnet, « CUF », (1960) 2002.

CALLIMAQUE
Hymnes. Épigrammes. Fragments choisis, texte établi et traduit par E. Cahen, « CUF », (1922), 2002.

CATULLE
Poésies, texte établi et traduit par G. Lafaye, « CUF », (1923), 2002.

CICÉRON
Correspondance. Lettres à Atticus, texte établi et traduit par J. Beaujeu, « CUF », (1980), 2002.
La Nature des dieux, introduction, traduction et notes par Cl. Auvray-Assayas, Paris, Les Belles Lettres, « La Roue à livres », 2009.
La République, texte établi et traduit par E. Bréguet, « CUF », (1921) 2003.

CORPUS HERMETICUM, texte établi par A.D. Nock et traduit par A.-J. Festugière, « CUF », (1946), 2002.

CORPUS PAPYRORUM JUDAICARUM, 3 vol., édités et traduits par V.A. Tcherikover, A. Fuks, et M. Stern, Cambridge (Mass.), Harvard University Press,1957-1964.

DIODORE DE SICILE
Bibliothèque historique, édition dirigée par F. Chamoux, « CUF », (1989), 2003.

DIOGÈNE LAËRCE
Vies et doctrines des philosophes illustres, sous la direction de M.-O. Goulet-Cazé ; introduction, traduction et notes de J.-F. Balaudé, L. Brisson et J. Brunschwig, Paris, Librairie Générale Française - Livre de Poche, 1999.

DIO CASSIUS, *Roman History,* traduction de E. Cary, Loeb Classical Library, 9 volumes, Cambridge (Mass.), Harvard University Press, 1914-1927.

DION CASSIUS
Histoire romaine, livres 41 et 42, texte établi et traduit par M.-L. Freyburger et J.-M. Roddaz, « CUF », (1991), 2002.
Histoire Romaine, livres 45 et 46, texte établi et traduit par V. Fromentin et Estelle Bertrand, « CUF», 2008.

ESCHYLE
Tragédies. Les Suppliantes. Les Perses. Les Sept contre Thèbes. Prométhée enchaîné, texte établi et traduit par P. Mazon, « CUF », (1921), 2002.

EURIPIDE
Tragédies. Le Cyclope. Alceste. Médée. Les Héraclides, texte établi et traduit par L. Méridier, « CUF », (1926), 2003.

HÉRACLITE
Cité par Hippolyte, *Réfutation de toutes les hérésies,* in *Les Présocratiques,* sous la direction de J.-P. Dumont, traduction et commentaire de D. Delattre et J.-L. Poirier, Paris, Gallimard, « Bibliothèque de la Pléiade », 1988.

HÉRODOTE
Histoires, texte établi et traduit par Ph.-E. Legrand, « CUF », (1930), 2003.

HÉSIODE
Théogonie. Les Travaux et les Jours. Bouclier, texte établi et traduit par P. Mazon, « CUF », (1928), 2003.

HISTOIRE AUGUSTE, texte établi, traduit et commenté par R. Turcan, « CUF », (1993), 2002.

HOMÈRE
Hymnes, texte établi et traduit par J. Humbert, « CUF », (1936), 2004.
Iliade, texte établi et traduit par P. Mazon et P. Chantraine, « CUF », (1937), 2002.
L'Odyssée, texte établi et traduit par V. Bérard, « CUF », (1924), 2002.

HORACE
Odes et Épodes, texte établi et traduit par F. Villeneuve, revu par J. Hellegouarc'h, « CUF », (1992), 2002.

INSCRIPTIONES LATINAE SELECTAE, éditées par H. Dessau, 3 t., 5 vol., Berlin, apud Weidmannos, 1892-1916.

JAMBLIQUE
Vie de Pythagore, introduction, traduction et notes par L. Brisson et A.-Ph. Segonds, Paris, Les Belles Lettres, « La Roue à livres », 1996.

LUCRÈCE
De la nature, texte établi et traduit par A. Ernout, Paris, « CUF », (1948), 2002.

MAMERTIN
Panégyriques latins, texte établi et traduit par J.-M. Jacques, « CUF », (1971), 2003.

MARC AURÈLE
Écrits pour lui-même, texte établi et traduit par P. Hadot, avec la collaboration de C. Luna, « CUF », (1998), 2002.

OVIDE
Héroïdes, texte établi par H. Bornecque et traduit par M. Prévost, « CUF », (1928), 2005.
Les Métamorphoses, texte établi et traduit par G. Lafaye, « CUF », (1925), 2007.

PAUSANIAS
Description de la Grèce, texte établi par M. Casevitz, traduit et commenté par J. Auberger, « CUF », (1992), 2005.

PHILON D'ALEXANDRIE
Legatio ad Caium, texte établi et traduit par A. Pelletier, Paris, Le Cerf, « Sources chrétiennes », 1972.

PINDARE
Pythiques, texte établi et traduit par A. Puech, « CUF », (1922), 2003.

PLATON
Œuvres Complètes
Apologie de Socrate, texte établi et traduit par M. Croiset, « CUF », (1920), 2002.
Le Banquet, texte établi et traduit par P. Vicaire, avec le concours de J. Laborderie, « CUF », (1989), 2008.
Épinomis. Les Lois, texte établi et traduit par A. Diès et E. des Places, « CUF », (1956), 2003.
La République, texte établi et traduit par E. Chambry, « CUF », (1931), 2008.
Le Politique, texte établi et traduit par A. Diès, « CUF », (1935), 2003.
Théétète, texte établi et traduit par A. Diès, « CUF », (1923), 2003.

PLAUTE
Comédies. Amphitryon. Asinaria. Aulularia, texte établi et traduit par A. Ernout, « CUF », (1932), 2003.

PLINE LE JEUNE
Panégyrique de Trajan, texte établi et traduit par M. Durry, « CUF », (1948), 2002.

PLUTARQUE
Œuvres morales
Apophtegmes de rois et de généraux. Apophtegmes laconiens,
texte établi et traduit par F. Fuhrmann, « CUF », (1988),
2003.

Isis et Osiris, texte établi et traduit par C. Froidefond,
« CUF », (1990), 2003.

Sur la disparition des oracles, texte établi et traduit par
R. Flacelière, « CUF », 1947.

*Sur les contradictions stoïciennes. Synopsis du traité « Que
les Stoïciens tiennent des propos plus paradoxaux que les poètes »*, texte établi par M. Casevitz, traduit et commenté
par D. Babut, « CUF », 2004.

Sur les notions communes, contre les Stoïciens, texte établi par M. Casevitz, traduit et commenté par D. Babut,
« CUF », 2002.

Vies, texte établi et traduit par R. Flacelière et
E. Chambry, « CUF », (1964), 2003.

POLYBE
Histoires, texte établi et traduit par P. Pédech, « CUF »,
(1969), 2003.

PORPHYRE
Vie de Plotin, dans Plotin, *Ennéades*, texte établi et traduit par É. Bréhier, 7 vol., « CUF », (1924-1938), t.1, 1954,
p. 1-31.

QUINTE CURCE
Histoires, texte établi et traduit par H. Bardon,
« CUF », (1948), 2008.

SÉNÈQUE
L'Apocoloquintose du divin Claude, texte établi et traduit
par R. Waltz, « CUF », (1934), 2003.

Lettres à Lucilius, texte établi par F. Préchac et traduit
par H. Noblot, « CUF », (1945), 2009.

SÉNÈQUE (Pseudo-)
Octavie, texte établi et traduit par G. Liberman, Paris, Les Belles Lettres, « Classiques en poche », 2002.

SOPHOCLE
Tragédies. Les Trachiniennes. Antigone, texte établi par A. Dain et traduit par P. Mazon, revu et corrigé par J. Irigoin, « CUF », (1955), 2002.
Tragédies. Philoctète. Œdipe à Colone, texte établi par A. Dain et traduit par P. Mazon, revu et corrigé par J. Irigoin, « CUF », (1960), 2009.

STRABON
Géographie, texte établi et traduit par G. Aujac et F. Lasserre, « CUF », (1969), 2003.

SUÉTONE
Vies des douze Césars, texte établi et traduit par H. Ailloud, « CUF », (1931), 2007.

TACITE
Annales, texte établi et traduit par P. Wuilleumier, « CUF », (1923), 2003.

THÉOCRITE
Bucoliques grecs, texte établi et traduit par Ph.-E. Legrand, « CUF », (1925), 2002.

TITE-LIVE
Histoire romaine, texte établi par J. Bayet et traduit par G. Baillet, « CUF », (1940), 2003.

VIRGILE
Énéide, texte établi et traduit par J. Perret, « CUF », (1977), 2006.

SUGGESTIONS BIBLIOGRAPHIQUES

ANDO C., *The Matter of the Gods. Religion and the Roman Empire*, Berkeley, University of California Press, 2008.

BABUT D., *La Religion des philosophes grecs*, Paris, PUF, 1974.

BEAUJEU J., *La Religion romaine à l'apogée de l'Empire*, Paris, Les Belles Lettres, 1955.

BLOCH R., *Les Prodiges dans l'Antiquité classique*, Paris, PUF, 1963.

BOYANCÉ P., *Études sur la religion romaine*, Rome, École française de Rome, 1972.

BRISSON L., *Orphée et l'orphisme dans l'Antiquité gréco-romaine*, Aldershot, Variorum, 1995.

—, *Introduction à la philosophie du mythe*, Paris, Vrin, 2005².

BRUIT-ZAIDMAN L. et SCHMITT-PANTEL P., *La Religion grecque*, Paris, Armand Colin, 2007.

BUXTON R., (éd.), *Oxford Readings in Greek Religion*, Oxford, Oxford University Press, 2000.

CHAMPEAUX J., *La Religion romaine*, Paris, Le Livre de Poche, 1998.

CUMONT F., *Lux perpetua*, Turin (rééd.), Nino Aragno éd., 2010.

DES PLACES Éd., *La Religion grecque*, Paris, Picard, 1969.

DÉTIENNE M., *La Notion de* daïmon *dans le pythagorisme ancien*, Paris, Les Belles Lettres, 1963.

DILLON J., *The Middle Platonists*, Londres, Duckworth, 1996².

FENNEY D., *Litterature and Religion at Rome*, Cambridge, Cambrige University Press, 1998.

FRASCHETTI A., *Rome et le prince*, trad. V. Jolivet, Paris, Belin, 1994.

GRIMAL P., *La Littérature latine*, Paris, Fayard, 1994.

HASNAOUI A., *Pythagore, un dieu parmi les hommes*, Paris, Les Belles Lettres, 2002.

JACOB Ch., *Géographie et ethnographie en Grèce ancienne*, Paris, Armand Colin, 1990.

JOUANNA J., *Sophocle*, Paris, Fayard, 2007.

LEHMANN Y., *La Religion romaine*, Paris, PUF, 1993.

LEHMANN Y. (éd.), *Religions de l'Antiquité*, Paris, PUF, 1999.

LÉVY C., *Les Philosophies hellénistiques*, Paris, Le Livre de Poche, 1997.

LINDER M. et SCHEID J. « Quand croire c'est faire. Le problème de la croyance dans la Rome ancienne », *Archives de sciences sociales des religions*, 81, 1993, p. 47-62.

ROMILLY J. (de), *La Tragédie grecque*, Paris, PUF, 1970.

—, *Le Temps dans la tragédie grecque*, Paris, Vrin, 1999².

RÜPKE, J. (éd.), *A Companion to Roman Religion*, Oxford, Blackwell, 2007.

SAÏD S., *Homère et l'Odyssée*, Paris, Belin, 1998.

SAÏD S., Treddé M., Le Boulluec A., *Histoire de la littérature grecque*, Paris, PUF, 1997.

SCHEID J., *Romulus et ses frères. Le collège des frères arvales, modèle du culte public dans la Rome des empereurs*, Rome, École française de Rome, 1990.

—, *La Religion des Romains*, Paris, A. Colin-Masson, 1998.

SCHILLING R., *Rites, cultes, dieux de Rome*, Paris, Klincksieck, 1979.

SÈVE B., *La question philosophique de l'existence de Dieu*, Paris, PUF, 1994.

VERNANT J.-P., *Religions, histoires, raisons*, Paris, Maspero, 1979.

—, *Mythe et pensée chez les Grecs*, Paris, La Découverte, 1985.

—, *L'Univers, les dieux, les hommes*, Paris, Le Seuil, 1999.

INDEX DES AUTEURS ET DES ŒUVRES

TABLE DES MATIÈRES

Retrouvez les textes des auteurs du « Signet »
dans notre collection « Classiques en Poche »

Ce volume,
le treizième
de la collection « Signets »,
publié aux Éditions Les Belles Lettres,
a été achevé d'imprimer
en septembre 2010
sur les presses
de la Nouvelle Imprimerie Laballery,
58500 Clamecy, France

Dépôt légal : octobre 2010
N° d'édition : 7129 - N° d'impression : 009343

Imprimé en France